Johannes Blochwitz

Die Verhältnisse an der deutschen Ostgrenze zwischen Elbe und Donau

Zur Zeit der ersten Karolinger

Johannes Blochwitz

Die Verhältnisse an der deutschen Ostgrenze zwischen Elbe und Donau
Zur Zeit der ersten Karolinger

ISBN/EAN: 9783743446885

Hergestellt in Europa, USA, Kanada, Australien, Japan

Cover: Foto ©Suzi / pixelio.de

Manufactured and distributed by brebook publishing software
(www.brebook.com)

Johannes Blochwitz

Die Verhältnisse an der deutschen Ostgrenze zwischen Elbe und Donau

Die

Verhältnisse an der deutschen Ostgrenze

zwischen Elbe und Donau

zur Zeit der ersten Karolinger.

— ᐧᐩ—

JNAUGURAL-DISSERTATION

zur

Erlangung der philosophischen Doctorwürde an der Universität Leipzig

von

Johannes Blochwitz,

Oberlehrer zu Dresden.

DRESDEN,

Druck von Johannes Päßler.

1872.

Die deutsch-slavische Stammesgrenze am Anfang der Karolingerzeit.

Nie hat ein Volk oder ein Theil desselben die Heimath muthwillig verlassen. Immer war Noth die Ursache der Auswanderung, gleichviel ob ungenügende Ertragsfähigkeit des Bodens oder der Andrang stärkerer Nachbarn. Bei den Germanen sind derartige Auswanderungen längst vor Beginn der christlichen Zeitrechnung wahrzunehmen. Ihre gewaltigste Dimension aber nehmen sie auf der Scheide des 2. und 3. Jahrhunderts an, als die deutschen Nordostvölker in den Weichsellanden gen Süden und Süd-Westen aufbrachen. Die Ursache war zweifellos der Andrang slavischer Volksmassen. Seit dieser Zeit bis in das 6. Jahrhundert wird eine Gegend nach der anderen im Nord-Osten und Norden von den Deutschen geräumt und in unmittelbarer Folge von den Slaven besetzt. Die einzelnen Vorgänge in diesem grossartigen allgemeinen Vorgang entziehen sich der Beobachtung gänzlich und alle bestimmten Angaben über Zeit und Art derselben sind als Hypothesen zu betrachten.

Zur Zeit des Eintritts der karolingischen Hausmaier und ihrer Berührung mit den germanischen Ostvölkern erscheint kein einziges der letzteren noch östlich der (Mittel-) Elbe und Saale und des Böhmer Waldes sesshaft. Alles Land daselbst war den Slaven verfallen. Nirgend zeigt sich eine Spur von zurückgebliebenen Deutschen. Etwaige Reste mussten frühe in dem rasch und ausschliesslich umsichgreifenden Slaventhum untergehen.

Im allgemeinen haben seitdem im Norden die benannten Flüsse, im Süden das angeführte Gebirge als Scheide der beiden Stämme

1

gegolten. 1) Aber am Anfang der Karolingerzeit, in der Mitte des 8. Jahrhunderts, seitdem etwas mehr Licht auf diese Gegenden fällt, zeigt sich das Slaventhum auch westlich der angeführten (allgemeinen) Scheide, und zwar nicht nur vereinzelt und colonieenweise, sondern auf weite Strecken hin als im ausschliesslichen Besitz der Territorien (gleichwie ja auch nördlich der Elbe und südlich der Donau dasselbe eine weit westlichere Ausbreitung gewonnen hatte als man gewöhnlich anzunehmen pflegt). 2)

Die wiederholt ausgesprochene Ansicht, dass alle Slaven westlich der Elbe und Saale als Colonisten zu betrachten seien, ist mit Entschiedenheit zurückzuweisen. Kann einerseits niemand annehmen, dass ein Stamm, noch auf lang hinaus mit aller Energie für Freiheit und Vaterland kämpfend, sich so leicht in Colonieen auf fremden Boden versetzen liess, womit Zinspflicht und Christenthum unabweisbar verbunden war, — so würde es andererseits ja auch völlig unpractisch gewesen sein, den Slaven Grenzdistricte als Colonieen zu überlassen, von wo aus sie, mit dem eigenen Stamme in unmittelbarer Berührung bleibend, allzeit dem Reiche gefährlich werden konnten. Wohl wurden wiederholt Slaven angesiedelt, aber vereinzelt im Innern des Reichs, wie a. e. im Lobdengau, im schwäbischen Fürstenthum Hohenlohe, in der Fulda'schen Buchonia, in der wendischen Börde an der Weser u. s. w. Cf. ausserdem über derartige Ansiedelungen: Zeuss die Deutschen und ihre Nachbarstämme p. 646, Rettberg Kirchengeschichte II. 555. Die Ueberlassung sächsischer Grenzlandschaften an Abodriten spricht in keiner Weise dagegen; sie erfolgte unter ganz eigenthümlichen Umständen und hat sich ausserdem schwer genug gerächt.

Es gilt hier die deutsch-slavische Scheide zwischen Elbe und Donau, wie sie sich am Anfang der Karolingerzeit darstellt, als der Zeit, in welcher das Slaventhum seine westlichste Ausdehnung gefunden hatte, möglichst genau zu bestimmen, da nur in diesem Falle

---

1) Besonders auf Einhards Nachrichten hin: „Sala fluvius, qui Thuringos et Sorabos dividit" und: „Sorabi Sclavi, qui campos inter Albim et Salam interiacentes incolunt, in fines Thuringorum ac Saxonum, qui eis erant contermini" etc. (vita Karoli M. et ann. ad 782 Mon. II. 450, I. 163). Cf. Tschoppe & Stenzel Schlesisch-oberlausitzisches Urkundenbuch, Einleitung; Dümmler Geschichte des ostfränkischen Reiches I. 252; Palacky Geschichte von Böhmen I. 94 etc.

2) cf. Einhardi ann., chron. Moissiacense, Reginonis chron. ad. 804. Mon. I. 191, 307, 563. Schaumann Geschichte von Nieder-Sachsen p. 219 pp. — Mon. Boica XXXI. 109, 137; Klaimmayrn Juvavia, Anhang p. 88 pp.; Dümmler Südöstliche Marken, Abschnitt I (Archiv für österreichische Geschichtskunde X).

eine ganze Reihe von Verhältnissen und Vorgängen an der Ostgrenze während dieser Zeit richtig aufgefasst und beurtheilt werden
können. Fallen dabei die gleichzeitigen Nachrichten über das östlichste vorkommen der Deutschen und das westlichste erscheinen
der Slaven zusammen, so liegt kein Grund vor, die richtige Bestimmung der Stammesscheide zu bezweifeln, — selbst dann nicht,
wenn sich dieselbe theilweise weit westlicher gelegen zeigen sollte
als gewöhnlich angenommen wird.

Alles Land westlich dieser Linie ist als eigentliches Reichsland anzusehen, — alles Land östlich derselben als ursprüngliches
Markland, das auch während der ganzen Karolingerzeit als vom
Reichslande verschiedenes durchweg betrachtet und behandelt wurde.
Die Mark (im eigentlichen Sinne des Wortes) lag ausserhalb der
deutschen Stammesgrenze, wohl aber innerhalb der politischen Reichsgrenze. Dass das nächstgelegene und am frühesten zum Reiche ge-
schlagene slavische Terrain den märkischen Character zeitig verlor
und nach Ablauf der Karolingerzeit als Reichsland betrachtet wurde
(wie dann wohl auch theilweise manche Namen besagen, als a. e.
Osterwalde, Husitin oder Ostgau etc.) kann dem nicht widersprechen.

Indem man sich bei Bestimmung der Stammesscheide vorwiegend an die erhaltenen Ortsnamen zu halten hat, sind besonders
zwei oft begangene Fehler zu vermeiden. Die strichweise sehr geringe Anzahl slavischer Ortsnamen zunächst jener Scheide, führte
häufig zu der Ansicht, dass nur slavische Ansiedelungen in den betreffenden Territorien erfolgt, dieselben aber vormals nicht im ausschliesslichen Besitz slavischer Bevölkerung gewesen seien. In dieser
Hinsicht muss folgendes beachtet werden. Der Deutsche blieb Sieger
in dem Jahrhunderte währenden Kampfe, der an der Grenze entbrannte. Die vorgefundenen slavischen Orte wurden entweder zerstört und verschwanden alsdann gänzlich, oder sie erhielten völlig
willkürlich gewählte oder der Bedeutung des slavischen Namens ent-
sprechende deutsche Namen, und so wurde die Erinnerung an die
ehemalige Art der Bevölkerung gänzlich oder theilweise vernichtet.
Die ausdrückliche Beibenennung „Wendisch, Windisch" aber blieb
slavischen Orten etwa nur dann, wenn in deren Nähe gleichnamige
deutsche Orte angelegt wurden, und selbst diese ausdrücklichen Bei-
benennungen gingen später meist auch verloren.[3] Die Geschichte

---

3) So übergab a. e. Bischof Hermann v. Verden noch 1161 dem Kloster
Diesdorf bei Salzwedel „villas quarum incolae adhuc Sclavi erant" (Urk.
ap. Buchholz Mark Brandenburg IV. 6.), nämlich: Bergmoor, Abbendorf,
Dahrendorf, Ellenberg, Wadekath, Boddenstädt; die slavischen Namen sind
gänzlich verloren gegangen. Im Landbuche Karls IV. (ed. Herzberg p. 203,

der Germanisirung Schlesiens, Pommerns etc. hat gerade für die letzteren Vorgänge zahllose Belege aufzuweisen, trotzdem hier die Willkür eines Eroberers und Siegers wegfiel. Für unsere Zeit entziehen sich natürlich derartige Vorgänge fast gänzlich der Beobachtung, um so mehr, als sie jener Zeit völlig gleichgiltig und bedeutungslos erscheinen mussten. Auf diese Weise sind zweifellos fast alle slavischen Ortsnamen in ehemals rein slavischen Districten an der ältesten Stammesgrenze geschwunden.

Während bei Nichtbeachtung dieser Umstände das Slaventhum theilweise eine zu geringe westliche Ausdehnung erhielt, hat man andererseits aber auch infolge falscher Etymologie, besonders von Seiten slavischer Historiker, demselben theilweise eine zu weite gegeben. Eine nicht unbeträchtliche Zahl sehr westlich gelegener Orte mit der Beibenennung „Wend, Wind" (und deren Variationen) weist nach meiner Ueberzeugung nur scheinbar auf vormals slavische Bevölkerung. Bei näherer Untersuchung findet man, dass sich der Name auf die Lage des Ortes an den Wendungen der alten Gaugrenzen bezieht. 4) In verschiedenen Fällen dürfte allerdings die Herleitung immerhin zweifelhaft bleiben.

221, 222, 225) finden sich noch 1375 für diese Gegend: Wendeschen-Bierstädt, Wendeschen-Chuden, Wendeschen-Gifthorn, Wendeschen--Grauenstede; gegenwärtig: Gross-Bierstädt, Klein-Küden, Klein-Gischau, Klein-Gravenstedt. Erhielten doch noch 1694 und 96 Bötzow und Liezow die Namen Oranienburg und Charlottenburg. — Eine ganze Reihe gleichartiger Vorgänge könnten zur Erhärtung des besagten angeführt werden.

4) Selbst hinsichtlich des besonders von slavischen Geschichtsschreibern hervorgehobenen p. Winidon möchte ich dies gelten lassen. Genannt sind in ihm Wolferes-Winidon (Wolfschwende), Gross- und Klein-Wenden; ersteres liegt aber an der südöstlichen, letztere liegen an der nordöstlichen Grenze, da, wo sich die Gaugrenze im scharfen Winkel nach Südost wendet. Hat der Gau nach diesen Orten seinen Namen, — diese denselben nach ihrer Lage, — so hat eben der Gau mit den Wenden-Slaven gar nichts zu thun. In gleicher Weise liegen a. e. Wenden und Wendeborstel an der südöstlichen Grenze der Diöcese Bremen, da, wo sich diese scharf von Südost nach Nordwest wendet; Wenebostel an der Grenze zwischen p. Merstem und p. Loingo gegen p. Flutwido; Wendeburg und Wendezell an der Grenze zwischen p. Astfala und p. Flutwide gegen den Derlingau; Wendhausen an der Grenze zwischen dem Ambergo und Flemithi gegen p. Astfala; Wendhagen an der Grenze zwischen p. Osterburg und p. Thiliti gegen den Buckigau; Winithhusen (bei Polle a. Weser) da, wo die Diöcesangrenze zwischen Minden und Paderborn im scharfen Winkel von West nach Nord sich wendet; Wendelstein an der Wendung der Grenzen vom Nabel- und Hessengau; Wendefurth an der von p. Suevon und Hartingo; Wenerode da, wo in scharfem Winkel die Grenze vom Derlingau nach Nord, die vom Hartingo nach Süd sich wendet; Wendershausen a. d. Werra auf der Grenze zwischen dem Eichsfeld

Verfolgen wir die Stammesscheide in ihrem Verlauf von Nord nach Süd, so zeigt sich, dass das Slaventhum nördlich vom Gebirge am weitesten zwischen der Elbe und Ohre vorgedrungen war. Der Bardengau, östlich grenzend an Ohre und Jeetzel, erscheint hier durchaus als der östlichste Reichsgau. Die später hervortretenden, östlich von ihm gelegenen Gaue Osterwalde und Belcsem waren unzweifelhaft vormals rein slavische Territorien. 5) Dasselbe gilt von den sogenannten Gauen Mintga und Mosidi, als Districten des p. Belcsem. 6) Zwar finden sich auch noch im Bardengau Spuren des Slaventhums, 7) — die westlichsten Ausläufer desselben, — aber nur im östlichen Theile dieses Gaues, weshalb der Bardengau stets als Reichsgau betrachtet wurde. In ihm hatte nie eines der markgräflichen Geschlechter den Comitat, sondern allzeit das Ludolfingische Haus, cf. Wigand traditiones Corbeienses p. 76. § 350; Falke trad. Corbeiens. p. 157 § 126; Böttger die Brunonen no 112 u. 123. Erst später erstreckt sich der Comitat des herzoglich-sächsischen Hauses noch östlich der Ohre über einen Theil des p. Osterwalde, nachweislich aber nicht vor dem Jahre 1022. Dass den östlichen Theil des Bardengaus noch die Altmark umfasst habe, ist fälschlich von Falke trad. Corb. p. 611 und von Beckmann Brandenburg'sche Chronik I. 97 angenommen worden. — Bardewik erscheint schon frühe als auf der Grenze beider Stämme gelegen. 8) Der Bardengau selbst reichte nur bis zur Ohre und Jeetzel, und nur bis dahin reichte auch Bisthum Halberstadt und Archidiaconat Wittingen im Derlingau. In Osterwalde und Belcsem dagegen, östlich und nördlich der Ohre, finden wir stets markgräfliche Gewalten, und über keinen dieser Theile erstreckte sich jemals die Diöces Halberstadt,

und p. Logne gegen den p. Hunethe; Wendehausen da, wo das Eichsfeld und der Westergau zusammenstiessen un 1 die Grenze vom Eichsfeld sich nach Ost wendet. etc. etc.

5) Nähere Angaben über die Begrenzung der anzuführenden Gaue können hier keine Stelle finden. In dieser Hinsicht sind die theilweise vorzüglichen Arbeiten von Riedel, Ledebur, Wersebe, Böttcher, Schöttgen und Kreysig, Wenck, Heffter, Kremer, Lang, Schultes etc. zu vergleichen, auf welche nur in besonderen Fällen ausdrücklich verwiesen werden soll.

6) Wersebe, Gaue p. 140—146 und Wedekind Noten I. 71 etc. haben sie fälschlich als selbstständige Gaue behandelt. Riedel Mark Brandenburg I. 28 etc. hat gründlich nachgewiesen, dass es nur Untergaue von Belcsem waren.

7) Nach einem Schreiben Lothars Mon. II. 677 wird die Bevölkerung an der Hunte als „in confinibus Nordmannorum et Obodritorum" bezeichnet; dass ein Theil des p. Wihmuodi von Slaven bewohnt war, cf. Schaumann Geschichte von Nieder-Sachsen p. 219.

8) cf. a. e. chron. Moissiacense a. 795. 797, ann. Guelferbytani a. 798, Reginonis chron. a. 799 Mon. I. 302. 303. 45. 562.

die nur für Reichsland errichtet worden war, sondern allein die
Diöces Verden, und nachmals die rein märkische Erzdiöces Magdeburg, eben darum, weil diese ganze Gegend ursprünglich rein slavisches Land war. — Nach der Halberstädter Chronik ap. Leibnitz
script. rerum Brunsvicensium II, 111 pp soll bereits Ludwig I. bestimmt haben, dass die Halberstädter Diöces auch den p. Belinesheim
(Belcsem) umfasse. Abgesehen aber davon, dass dies erst eine Nachricht aus späterer Zeit ist, so stellt sich auch die Bestimmung selbst
nur als eine vorläufige, nicht als eine bereits vollzogene dar. Nach
Falkes cod. trad. Corbeiens p. 42 pp soll nur p. Mosidi, also der
südliche Theil von Belcsem zu Halberstadt gehört haben, aber die
Unechtheit jener Nachricht ist gründlich erwiesen ap. Spancken
Zeitschrift für vaterländ. Geschichts- und Alterthumskunde - XXI.
1—80. Demnach sind Wenck Hessische Landesgeschichte II.
194 pp und Werseb Gaue p. 241 pp, die ganz Belcsem zu Halberstadt ziehen, im Irrthum. Ein Halberstädter pagus Mosidi hat nie
existirt. (Dass Belcsem zu Verden gehörte und Halberstadt nie über
die Ohre reichte, cf. Gercken cod. dipl. Brandenburgens. II. 656 pp,
Wedekind Noten II, 179 pp, Riedel Mark Brandenburg I. 14 pp,
Böttger Brunonen § 58, Ledebur Nordthüringen p. 2—35.)

Man wende nicht ein, dass auch Reichsgaue zur Mark, —
richtiger zu den Markgrafschaften, — gehört. Gewiss, aber in ganz
anderer Weise als die slavisch-märkischen Gaue. Alle markgräflichen
Gewalten mussten ihren Stützpunkt in Reichsgauen haben, d. h.
jeder Markgraf musste ausser seinem Markdistrict (auf ehemals slavischem Boden) auch den Comitat in einem oder mehreren Reichsgauen (auf stets deutschem Boden) besitzen, also dass seine Markgrafschaft (wenigstens ursprünglich) Reichsland und Markland umfasste. So besassen die östlichen Markgrafen den Comitat in den
Reichsgauen: Derlingau, Nordthuringau, Grapfeld, Nordgau (im ursprünglichen engeren Sinn, cf. Anhang) — neben den angrenzenden
märkischen Gauen —: Osterwalde, Belcsem, Husitin, Radenzgau,
Nordgau (in späterer weiterer Bedeutung, cf. Anhang). Wie sorgfältig aber dieser Unterschied noch spät beachtet wurde, — wie man
diese Reichsgaue allenthalben nicht zur eigentlichen Mark rechnete,
— zeigt sich wiederholt bei Markstreitigkeiten und Marktheilungen. 9)

---

9) a. e. Markgraf Dietrich starb 985. Sein Sohn Bernhard (I.) war noch
unmündig, weshalb die eigentliche Mark, Osterwalde und Belcsem, dem Grafen
Lothar von Walbeck übertragen wurde, wogegen der Comitat in den Reichsgauen (Harzgau, Derlingau und dem nördlichen Theil vom Nordthuringau),
in denen jene Markgrafen ihre Stütze hatten, seinem (wenn auch unmündigen)
Sohne ungestört verblieb. Indem aber dem Lothar von Walbeck die Ver-

Schon Wersebe Gaue p. 249 sagt: „Es ist freilich zweifelhaft, ob nicht auch der p. Osterwalde zuerst von Slaven angebaut worden ist". Wir können es mit Recht als unzweifelhaft annehmen. Der p. Osterwalde wird erst im Jahre 1022 urkundlich angeführt, cf. Böttcher Brunonen n. 340, Wersebe Gaue p. 248. Bis dahin entzieht sich diese Gegend unserer Kenntniss fast ganz. Bei einem Gaue auf Reichsboden ist dies geradezu undenkbar. Gercken hält aus diesem Grunde sogar die Existenz dieses Gaues für zweifelhaft. Auf der Westgrenze dieses Gaues lagen Salzwedel, Osterwohle, Brome, Gardelegen etc. in rein slavischen Districten. Von Arendsee sagt Einhard ann. a. 822. Mon. I. 208.: in parte orientali Saxoniæ quæ Soraborum (i. e. Sclavorum) finibus contigua est; vom Drömling Widukind II. 14. Mon. III. 442: Sclavi in loco qui dicitur Thrimining pp. Dietrich und Bernhard I. hatten ihren Sitz noch zu Wanzleben und Bernhard II. noch zu Haldensleben im Nordthuringau. Erst Udo II. († 1082) verlegte den markgräflichen Sitz aus dem Reichslande in die eigentliche Mark, nach Salzwedel.

Dass ganz Belcsem (Belinesheim, Belxa, Balsemerland), östlich

---

waltung der Mark nur interimistisch übertragen worden war, suchte die Mutter seines Sohnes Werner den Kaiser durch Geld zu bewegen, dem Hause Walbeck die Mark erblich zu übergeben, was auch, obgleich keine thatsächlichen Beweise vorliegen, wie aber die Folge lehrt, vom Kaiser zugesagt worden sein muss, weshalb Bernhard I., der rechtmässige Erbe auch der märkchen Gaue, den Werner nach Lothars Tode (1003) zu ermorden suchte („comes Bernhardus predictum voluit occidere Werinharium" — Thietmari chron. Mon. III. 852). Werner suchte sich in der Mark zu behaupten. Als ihm wegen Dedos Ermordung (1009) die Verwaltung derselben entzogen wurde, dauerte der Streit auch noch zwischen Bernhard und Werners Brüdern fort, bis er endlich auf dem Reichstage zu Allstädt 1017 beigelegt wurde (Thietmari chron. Mon. III. 852). Seitdem war Bernhard I. auch im thatsächlichen Besitz der Markgaue. Bei diesem Ausgleich, der entschieden vorwiegend durch Vermittlung des Kaisers, welcher das Haus Walbeck nicht leer konnte ausgehen lassen, zu Stande kam, muss aber den Walbeckern, sei es Werners Bruder oder Sohn, der Comitat im nördlichen Nord-Thuringau von Bernhard abgetreten worden sein. Seitdem erscheinen wenigstens die Walbecker daselbst als Comitatsinhaber, cf. Böttger N. 291 a. und b. Der Comitat in den übrigen oben genannten Reichsgauen verblieb dagegen nach wie vor dem Bernhard und seinen Nachfolgern. Als aber mit Wilhelm, dem Sohn Bernhards II., der 1056 in der Schlacht bei Pritzlava fiel, das markgräfliche Geschlecht ausstarb, und die Mark an ein neues Geschlecht (das von Stade) überging, wurden sämmtliche Reichsgaue von der Mark getrennt, und dem Udo von Stade verblieben nur die ursprünglichen und rein märkischen Gaue Osterwalde und Belcsem. — In derselben Weise, wie wir hier die genaue Unterscheidung von Reichs- und Markboden hervortreten sehen, werden wir sie weiter unten beim Sturze der Babenberger beobachten können.

vom slavischen Osterwalde gelegen, der Haupttheil der Nord- und späteren Altmark, ausschliesslich slavisches Land war, dürfte wohl allgemein anerkannt sein. Noch Helmoldi chron. Slavor. I. 88 (also in der Mitte des 12. Jahrhunderts) sagt: „ab urbe Saleveldele, omnem terram palustrem atque campestrem, terram quæ dicitur Balsemerlande et Marcinerlande — — — et terra a Slavis usque ad nostra tempora possessa etc." So war Belcsem eine terra Winidorum. Weite Territorien erhielten sich aber als fast ausschliesslich slavische noch bis in späte Zeit, wie a. e. der ganze District zwischen Arendsee und Lüchow, oft als Linegau bezeichnet (cf. eine Urk. v. 1208 Lentz Brandenburgsche Urkundensammlung I. 18 pp; Beckmann Mark Brandenburg V. I. cap. IX). In den Lüneburg'schen Aemtern Lüchow, Dannenberg, Hitzacker, Wustrow, Gartow zeigen sich noch jetzt allenthalben slavische Ortsnamen und Ueberreste slavischer Sprache, so dass es keinem Zweifel unterliegen kann, dass mindestens bis hierher vormals alles rein slavisch war. Vom Amte Blekede kann allem Anscheine nach dasselbe gelten.

Zwischen Ohre und Unstrut ist das Slaventhum weniger weit vorgedrungen. Nordthuringau, Schwabengau und Hessengau 10) erscheinen allzeit als Reichsgaue, stets gehörig zur Diöces Halberstadt, die für Reichsland errichtet wurde. Infolge einer Massenansiedelung aus anderen Reichstheilen, die wohl trotz verschiedener Versuche kaum in Abrede gestellt werden kann, sassen hier die Deutschen gedrängter als in den übrigen Gegenden an der östlichen Grenze, auf diese Weise dem slavischen Andrang energischer widerstehen zu können. — Dazu kommt die Nähe des Gebirges. Ueberall sehen wir, wenn möglich, von den Slaven die Niederungen aufgesucht, das

10) Der p. Friesenfeld wird hier und anderweit nicht namentlich angeführt, da er nur ein Untergau des Hessengaus war, folglich mit in diesem begriffen ist. Ueber den Nordthuringau cf. die vorzügliche Arbeit von Böttger Brunonen § 59—63; über den Schwabengau Kreysig Beiträge III. 201 pp; über den Hessengau Wenck II. § XXII und Schöttgen und Kreysig Beiträge I. 271 pp. Wenn Wersebe Gaue p. 74 der Ansicht ist, dass der Hessengau zur Zeit der Errichtung des Bisthums Halberstadt noch nicht existirt habe, so ist er entschieden im Irrthum, zumal die Errichtung der Diöces Halberstadt in weit spätere Zeit fällt als gewöhnlich angenommen wird, wie der gründliche Abel Jahrbücher des fränkischen Reichs unter Karl d. G. I. 290 pp evident erwiesen hat. Schon Karls Schenkungsurk. für Hersfeld v. 8. März 780 (Sickel, no 75; dazu p. 406 Am.), nach welcher Hersfeld den Zehnten in diesem Gau erhielt, setzt dessen früheres bestehen voraus; auch werden in dieser Urkunde bereits zwei Grafen in diesem Gau angeführt. — Böttger, p. 136 pp bringt mit dem' Hessengau seine Aescingen in völlig unhaltbarer Weise in Verbindung.

Gebirgsland umgangen. Slavische Historiker (a. e. Palacky, Schafarik) haben sicher mit Recht den Grund in der Unvollkommenheit des Ackerbaues gefunden. Ausserdem scheint im Hessengau schon seit der ersten Zeit Karls (vielleicht schon seit Pipin?) die grosse königliche Pfalz bestanden zu haben, mehr denn die übrigen Ostgegenden unter den Schutz des Königs gestellt. Wenigstens lässt sich nur hieraus die Thatsache erklären, dass dieser District auch in der Folge durch auffallend starke Bollwerke gegen Osten gedeckt war.

Merseburg erscheint zwar frühe als ein Platz von seltener Bedeutung, entzieht sich aber in vorsächsischer Zeit der Geschichte fast gänzlich. Die verzeihliche Fabelei Thietmars (chron. I. 2. 10. M. III. 734. 740) von Merseburgs römischem Ursprung, von späteren gedankenlos nachgebetet, ist natürlich ganz zu übergehen. Dass Merseburg als fränkische Stadt auf die Zeit Pipins zurückweise (Hesse in Höfers Zeitschrift für Archivkunde I. 108 pp) lässt sich nicht erweisen. Vielleicht (?) haben die in einer Schenkungsurk. Karls für Hersfeld (Sickel no 75) genannten Grafen „Albericus et Marquardus" schon ihren Sitz daselbst gehabt. Am Anfang der sächsischen Zeit, also noch aus dem Ende der karolingischen Zeit herüberreichend, begegnet uns ein Graf Erwin daselbst, der, wie Merseburg selbst, von höherer Bedeutung erscheint, cf. Thietm. chron. I. 4. M. III. 735. Zu Merseburgs nachmaliger Grösse legte jedoch erst Heinrich I. den Grund, wie auch Thietmar I. 2. 10. 17. M. III. 734, 740, 743 ganz besonders hervorhebt. Erst durch Heinrich erhielt die Stadt eine steinerne Mauer, eine steinerne Kirche und vor allem eine stehende Legion, die „ferrea legio Saxonum", wie sie Cosmæ chron. M. IX. 63 nennt. Waitz Heinrich I. p. 78 sagt deshalb: „diese Stadt, von Heinrich befestigt, ward so gleichsam zur Vormauer Sachsens und Thüringens gegen die benachbarten Slaven". Auch zur bedeutenden Handelsstadt erhob sich Merseburg bald, wie aus Thietmars chron. VI. 12. III. 809 deutlich erhellt. Dies alles aber gilt für Merseburg aus späterer, aus sächsischer Zeit, und kann nicht auf frühere, auf karolingische Zeit zurückbezogen werden.

In vorkarolingischer Zeit erscheinen die alte Hocseburg und das alte Burg-Scheidingen a. d. Unstrut als die östlichsten deutschen Orte in diesen Gegenden. — Die Ansichten über die Lage der alten Hocseburg differiren. Pertz M. I. 134 N. 5 hält es für Seeburg in der Grafschaft Mansfeld, Wersebe Hesses Beiträge I. 20 für ein Sachsenburg a. d. Unstrut, Leutsch Gero p. 61 für Huyseburg im Harzgau oder Asseburg im Derlingau; Böttger und Wedekind für Asseburg bei Wolfenbüttel. Mit der Lage des letzteren dürften allerdings die Nachrichten über den Zug Pipins (748) am besten in Einklang zu bringen sein. Zweifellos lag der Ort noch ziemlich westwärts der Elbe und Saale. — Dass Scheidingen geradezu Residenz der alten thüringischen Könige gewesen sei, lässt sich nicht behaupten (Schröter, Joh. Fried., Die alte thüringische Residenzstadt Burg-Scheidungen. Halle 1711.)

Selbst die im Hessengau an Hersfeld (Erulvisfelt) geschenkten Kirchen Altstädt, Osterhausen und Riedstädt (cf. Sickel p. 416 Am., dazu Böhmer Reg. ad 979 no 544) liegen nur im westlichsten Theile genannten Gaues. Welche Mühe es aber kostete, diese Gegend noch spät gegen slavische Angriffe zu schützen, das dürfte wohl eine Urk. Ottos II. v. Juni 979. Wenck II. Urk. XXV. andeuten, die allein an der Ostgrenze des Hessengaues 18 Orte als befestigte anführt. — Wie nun aber der Bardengau, obgleich als Reichsgau betrachtet, doch in seinem östlichen Theile stark (vielleicht ausschliesslich) von Slaven bevölkert war, — also auch diese Reichsgaue zwischen Ohre und Unstrut in ihrer ganzen Ausdehnung westlich der Elbe und Saale, so dass auch hier nicht nur von slavischer Colonisirung gesprochen werden kann. Nach Ottos I. Schenkungsurk. an Magdeburg v. 937 Eccard hist. geneal. princip. Saxon. sup. p. 135—138 (cf. Böhmer Regesten 937, 11. oct.) finden sich slavische Orte längs der unteren Ohre: a. e. Mosano, Pelnusi, Dudisi, Zuobaro, Welbuchi, Zelizi, i.e. Mose(?), Detzel, Zobbenitz, Wieglitz, Zielitz; etc.) Ebensolche finden sich an der Ostseite der Wipper, a. e. Lubisci, Riedawici, Siabudizi etc., i. e. Hübitz, Reidewitz, Zabitz etc., abgesehen von denen, die jetzt unbekannt oder unmittelbar am westlichen Saaleufer gelegen sind.

Die Umgegend von Quedlinburg erscheint noch spät als eine von Slaven stark bevölkerte. Otto II. schenkt 27. oct. 979 der dortigen Abtei Besitz „in partibus Slavoniæ" in einer Mark „quæ dicitur slavonice Otliva" (Erath cod. dipl. Quedlinburgens p. 15 N. 19.) Die wiederholt urkundlich angeführte Mark Smeon (Urk. Ottos I. v. 13. Sept. 937. Erath p. 4. N. 6, Urk. Ottos I. v. 25. Mai 955. Erath p. 7 pp N. 11, Bulle Alexanders III. 1179. Erath p. 100), war offenbar eine weitere slavische Gegend, wie aus der Urk. v. 955 deutlich hervorgeht („villa Spieleberg quæ etiam alio nomine Sibrowici dicitur in marca quoque quæ Smeon nominatur"), an die Ober- und Nieder-Shmon bei Querfurt noch erinnert, in deren Nähe auch Spielberg liegt. Ebenso kommt „Winediscun salebici" oder „Slavicum Salebeke" in verschiedenen Quedlinburger Urkunden vor (Erath cod. dipl. Quedlinburgensis p. 61. N. 5; Schultes dir. dipl. I. 149), sei es nun Wendisch-Selpke oder Wendisch-Zillbeck, beide

im Nordthuringau gelegen, cf. Wedekind Noten II, 123, der Wende-
schott annimmt. Ausserdem kommen noch verschiedene Schenkungsurkunden vor; die auf slavische Einwohnerschaft in diesen Gegenden
hinweisen. — Quedlinburg selbst aber existirte in karolingischer Zeit
noch gar nicht, wie denn auch Thietmar I. 10. M. III, 740 ausdrücklich sagt: „Quidilingaburch, quam ipse (Heinrich I.) a funda-
mento construxit". Möglich allerdings, dass dies nur von der Burg
gilt. Noch von Gandersheim sagt das chron. picturat. Leibnitz III.
299: „dat was de erste stadt in Oster-Sassen". — und dieses wurde
erst hoch in der 2. Hälfte des 9. Jahrhunderts gegründet.
    Zwischen der Unstrut und dem Thüringer Waldgebirge stellen
sich die Gaue Engilin und das Eichsfeld (mit seinen Untergauen)
als die östlichsten Reichsgaue dar. Das Territorium, auf welchem
sich nachmals der weite Gau Husitin oder der Ostgau (mit seinen
Untergauen) 11) und der p. Languizza (den man schliesslich als den
südlichen Theil des Ostgaus betrachten kann) erstreckten, erscheint
vormals durchaus als slavisches Land, westlich der Saale bis gegen
die Gerahn und Ilm. Gleich Osterwalde und Belesem zeigt sich
auch Husitin (und Languizza) als altmärkischer Boden, wie dies
noch im Kampfe Heinrichs gegen Burchards Söhne deutlich hervortritt. Alle Umstände bestätigen dies.
    Selbst auf thüringischem Boden westlich von Husitin (Gerahn
und Ilm), wo sich Reichsgaue erstreckten, ist eine noch auffallend
lockere und unbestimmte Gaueintheilung zu bemerken. Böttger
p. 550 pp nimmt zwölf thüringische Gaue an; Knochenhauer Gesch.
v. Thür. bemerkt p. 3, dass deren urkundlich zwanzig vorkämen.
Einerseits gilt dies erst von späterer Zeit, andererseits schrumpfen
selbst diese Zahlen noch bedeutend zusammen, sobald man die er-
wiesenen Untergaue ausscheidet. Noch bis in sächsische Zeit erscheinen die Territorialbezeichnungen in so unsicherer und wechselnder
Form, wie sich dies anderweit auf Reichsboden nirgend findet. Ganz
allgemein werden für dieses Thüringen die Ausdrücke „pagus Tor-

---

11) Dass der p. Husitin (Uiti ap. Gercken cod. dipl. Brandenburgens.
I. 23; Husili ap. Dronke cod. dipl. Fuldens. N. 658) gleichbedeutend ist mit
Ostgau, geht aus einer Urk. v. 1052 ap. Lepsius Geschichte des Hochstifts
Naumburg I. 216 hervor, wo er als „Ostergowo" bezeichnet wird. Die p.
Ginnaha und Spiliberg (Urk. Heinrichs III. v. 1044, 24 aug. Wenck III.
Urkb. p. 54) waren nur Districte im nördlichen Theile desselben, nicht wirk-
liche Gaue, wie Schultes Dir. I. 159, 167 und Wersebe in Hessens Beiträgen
I. II. 143 pp annehmen. Auch der Kulmgau, den ich nur einmal in Schultes
Histor. Schrift. I. 225 erwähnt gefunden, kann blos ein Untergau im südlichen
Theile desselben gewesen sein.

rinzie, p. Sutthuringiæ, regio Thur., territorium Thur., provincia Thur. gebraucht, 12) in derselben unbestimmten Weise, wie sie für die slavisch-märkischen Districte fortwährend wechseln. Selbst die kirchlichen Nachrichten, welche die Reichsgaue, über welche sich die betreffenden Diöcesen erstreckten, immer sorgfältig und bestimmt anführen, fehlen hier so gut wie ganz. Wir wissen nur ganz allgemein, dass Thüringen zur Diöces Mainz gehörte. Schon Knochenhauer Gesch. v. Thür. p. 148 sagt in dieser Hinsicht: „Der Mainzische Besitz mag sich über den ganzen Umfang des Landes erstreckt haben. Wir wissen von seiner Lage im einzelnen so wenig als von seiner Ausdehnung". Umsoweniger kann dies befremden, als sich aus unserer Zeit nicht die leiseste Spur von Geschichtsschreibung in Thüringen findet. Waren doch die Mönche des Petersklosters zu Erfurt die ersten, von denen solche ausging, aber erst seit der 2. Hälfte des 12. Jahrhunderts, cf. Stübels Dissertation über das chron. Sampetrinum Erfurtense. Leipzig 1867 p. 5. Selbst der

---

12) cf. a. e. Die Urkunden v. 5. Jan. 775 Sickel no 35, v. 877 Harenberg hist. eccles. Gandersheimens. p. 584, v. 2. Febr. 949 Wenck II, Urkdnb. p. 30. Böttger p. 566 N. 730 f) nimmt in unhaltbarer Weise einen Specialgau Thuringia an. Das Mittel-Hausen, welches er in denselben setzt, ist entschieden identisch mit Husun im p. Languizza (cf. Urk. Heinrichs I. v. 1. Juni 932, Wenck II. Urkb. p. 26; Schultes Dir. I. 52). Schon Leutsch Markgraf Gero p. 48 sagt: „Sutthuringia heisst oft nur pagus, obgleich es mehrere Gaue in sich begriff"; und p. 158: „Von den Orten, die in dem Bezirk zwischen Gotha und Weimar und Arnstadt und Unstrut vorkommen, wird kein einziger als in einem besonderen oder eigentlichen Gau liegend angeführt, sondern sie werden immer nur in den p. Thuringia oder Sutthuringia gesetzt". In ähnlicher Weise werden in einer Schenkungsurk. Karlmanns und Pipins v. jun. 753 an Fulda Schöttgen und Kreysig Beiträge L 3 pp Güter „in Saxonia, Thuringia, Hassia, Grapheldia, Tulifeldia" angeführt, wonach in unbestimmter Weise die Landesnamen für den Osten neben den bestimmten Gaunamen für den Westen gebraucht werden. Denkbar bliebe allerdings auch die Lesart: in Saxonia et in Thuringia, nämlich in Sachsen Hassia (i. e. p. Hessi Saxonicus), in Thüringen p. Grapfeld und Tullifeld, wonach dann Thüringen nicht einmal auf dieses nördlich vom Gebirge gelegene zu beziehen wäre, sondern auf die Gegend an der Diemel, und diese letztere Lesart dürfte sogar die richtigere sein. In gleichem Sinne sind wenigstens auch in einem Ermahnungsschreiben Gregors III. Würdtwein Bonifacius ep. 44 p. 95 die „Thuringi et Hessi" genannt neben „Borthari (a. Wohra in Hessen), Nistresi (a. Nister), Wedrevi et Lognai (a. Wetter und Lahn), Sudeti et Grapheldi (offenbar an Rhön oder Spessart und im p. Grapfeld occ.)". Die Zusammenstellung ergiebt klar, dass nur an westliche Gegenden südlich vom Gebirge, nicht an das heutige Thüringen gedacht werden kann. — Ebenso werden im Güterverzeichniss für Hersfeld Wenck II. Urkdnb. p. 15—17 für das ausserthüringische Gebiet die pagi ganz genau angeführt, während für die thüringischen Orte nur ganz allgemein „in Thuringia" steht.

grosse weite p. Eichsfeld, hauptsächlich das westlich obiger Linie (Geraha und Ilm) gelegene Reichsland Thüringen bildend, wird das erste mal erst 897 genannt, cf. Wolf Eichsfeld I. 10.

Laut der Nachrichten, die wir von jenen Territorien haben, findet sich denn auch nicht ein einziger deutscher Ort östlich der Geraha und Ilm, also keiner im Gebiet des nachmaligen p. Husitin. Die östlichsten deutschen Orte sind (Ohrdruff) Arnstadt und Erfurt. Arnstadt wird schon 704 in der Schenkungsurk. Hetans II. an Utrecht erwähnt (Schultes Dir. I. 1 pp.) und in desselben Schenkungs-urk. v. 716 (zu Hamelburg an der fränkischen Saale ausgestellt); „Amistati super fluvio Wiclheo (Welgebach) in pago Turingasnes". — Kloster und Missionsanstalt Obrdruff ist der zweite in Thüringen bekannte Ort, zu dessen Stiftung (nach Rettberg Kirchengeschichte II. 371 im Jahre 724) ein thüringischer Grosser Hugo die Güter gab, unzweifelhaft in unmittelbarer Nähe des Ortes selbst. Im Schreiben Gregors II. an die vornehmsten Thüringer, woselbst vier genannt sind, unter diesen ein Günther (Würdtwein Bonifacius ep. 8 p. 25), ist ebensowenig ein Anhalt geboten, da nichts über deren Sitze gesagt ist. Meines erachtens können aber auch diese nur im südwestlichen Thüringen gesucht werden.

Im Jahre 741 wird (so viel mir bekannt) das erste mal Erfurt genannt. Nach einer Urk. v. 706 (im königl. Provinzialarchiv zu Magdeburg) soll allerdings schon Dagobert III. in diesem Jahre das Peterskloster daselbst gegründet haben, jedoch dieselbe ist bereits evident als Erdichtung erwiesen worden, die aller Wahrscheinlichkeit nach aus der Zeit des grossen Interregnums oder Rudolphs von Habsburg stammt, cf. Stübel chron. Sampetrinum Erfurt. p. 1. — Aehnlich verhält es sich wohl mit der Fabel von der Gründung Heiligenstadts durch diesen Dagobert (cf. vita sanctorum Aurei et sociorum, im Auszug ap. Bouquet III. 521 pp., welche die Nachricht zuerst bringt, und die gründliche Widerlegung einer Stiftung durch Dagobert von Wolf Eichsfeld I. § 4—6.) Bonifacius wollte zu Erfurt einen Bischof einsetzen. Der Ort muss noch sehr unbedeutend gewesen sein, da zweifellos aus diesem Grunde die Einsetzung unterblieb, 13) und doch erscheint Erfurt in dem

---

13. Als Bonifacius 741 bei dem Papst Zacharias um Ermächtigung einkam, zu Erfurt etc. Bischöfe einsetzen zu dürfen, ward ihm diese unter Erinnerung an die canonische Regel, dass nur in grösseren Orten Bisthümer errichtet werden könnten. In der Folge wissen wir nur von Einsetzung der Bischöfe Burchard, Witta und Willibald zu Wirzburg, Buraburg und Eichstädt. Für Erfurt findet sich keiner. Es hat nie ein Bisthum daselbst bestanden (cf. auch Dümmler Gesch. d. ostfränk. R. I. 298). Heinemann Mark-

betreffenden Schreiben des Bonifacius an Zacharias als Haupt-
ort Thüringens: „Erphesfurt, qui fuit jam olim urbs' paganorum
rusticorum". Durch Karl d. G., früher wohl nicht, wurde Erfurt zur Pfalz erhoben und damit der Grund zur Hebung der Stadt
gelegt. Im Jahre 802 wird Erfurt das erste mal als Pfalz angeführt
(Wenck II. Urk. XIII), noch einmal 932 (Wenck II. Urk. XIX)
und das letzte mal 936, als Erzbischof Otgar von Mainz die Gebeine
des h. Severus hierher („ad locum regalem") bringen liess (ann. Lamberti M. III. 41.) Zum Jahr 805 wird es als Sitz des fränkischen
Markgrafen Madalgaud bezeichnet (leg. I. 133). Während der Karolingerzeit erscheint es nur einmal als Ort einer grösseren Versammlung, nämlich 852 unter Ludwig dem Deutschen. Von höherer
Bedeutung zeigt es sich erst in sächsischer Zeit.

Die Schenkungen Karls an Hersfeld, das vorwiegend in Thüringen
begütert war, erstrecken sich auch durchweg nur auf das westliche Thüringen. So die in den ersten Schenkungsurk. Sickel Regesten 775, 3 aug. et 25. oct. angeführten Orte („Milinga super fluvium Wisera et Dannistath in pago Altgawi" — „Molinhuso" —
„Cimbero in p. Thuringie, Gothaha atque Hasalaha"), wie schon
in den Worten „super fluvium Fuldam in vasta Buchonia" klar
ausgesprochen ist, nämlich in der Fulda'schen Buchonia, dem seit
alter Zeit bekannten weiten Grenzdistrict zwischen Thüringen und
Hessen. Desbalb sind alle, welche auf Gleichlaut der Namen hin
die Orte in das Erfurt'sche, selbst Schwarzburg'sche verlegt haben,
entschieden im Irrthum. Ebenso liegen die in weiteren Schenkungsurk. Sickel 778, 24. sept. et 779, 13. mart. genannten Orte „in silva
Buchonia" („Lupentia, Vulfeasti et Hochaim" i. e. Luppnitz a. Werra,
Wölfis b. Ohrdruff, Hochheim b. Langensalza), also durchweg nur
im westlichen Thüringen. Nach der Schenkung von 786, 31 aug.
kommt „thoranthorpf super Wisoram", i. e. Dorndorf a. Werra an
die Abtei; cf. ausserdem Sickel Urk. 802, 15. sept. Der östlichste
aller genannten Orte ist Colleda „in pago Englide", dessen Kirche
802 an die Abtei kam (Wenck II. Urk. XIII). Kein einziger der
Orte liegt im nachmaligen p. Husitin.

Es ist bereits darauf hingewiesen worden, dass die Saale nur

graf Gero p. 9 spricht irrig von einer „Diöcese Erfurt". Eine arge Hypothese
seinerseits aber ist es, dass Siegfrieds Ostmark für dieselbe errichtet worden
sei! Kremer Rheinisches Franzien p. 387 meint, dass für Eichstädt fälschlich Erphesfurt geschrieben worden sei. — Adelarius, welcher wiederholt als
erster Bischof zu Erfurt angeführt worden ist (cf. Würdtwein Bonifacius ep.
53 p. 117) war (und auch das ist zweifelhaft) nur Presbyter an der (vielleicht)
von Bonifacius zu Erfurt erbauten Kirche, cf. Wenck II. 255 N. m.

im allgemeinen als politische Ostgrenze gesetzt werden kann, und auch als solche erst lang nach Beginn der Karl'schen Action, — nie als Stammesgrenze. Schon Geussler Grepfeld I. 316 sagt: „Es war auch damals (nämlich im 8. Jahrhundert) Thüringen und Frankonien, sonderlich der östliche Theil derselben, mit wendischem Landvolk ganz erfüllt". Bis gegen die Ilm lässt sich alles als slavischer Boden betrachten. Dort liegt Ballstedt. Es ist wohl mit Recht vermuthet worden, dass dies „Boll-" i. e. Grenzstadt heisse, einst an der Ostgrenze des alten Reichslandes gelegen. — Zahlreich sind die Nachrichten, die uns von slavischer Bewohnerschaft Kunde geben; zahlreich die Ortsnamen, die sich noch heute als durchaus slavische darstellen. So werden a. e. im Güterverzeichniss für Hersfeld Wenck II. Urkdnb. p. 15—17 weder im p. Wetreibun noch im p. Wormatiense, alten westlichen Reichsgauen, sondern allein bei den „in Thuringia" gelegenen Orten, und da wiederum in den östlicheren derselben, Slaven angeführt, da aber auffallend häufig. Zahlreich sind die Urkunden für diese Gegenden, welche der slavischen Zmurden gedenken, cf. a. e. Lepsius Gesch. des Hochstifts Naumburg I. Urk. N. 13. 14. 21 etc. Noch heut wird der Thüringer Wald bei Suhl als Suhlaer Leube, bei Zell als blosse Leube benannt (cf. Schultes Dir. I. 150. N. 71), — slavische Benennung aus slavischer Zeit! Wendischen-Jena a. Unstrut beurkundet sich allem Anscheine nach sogar als ein slavischer Ort hohen Alters und hoher Bedeutung (cf. Lepsius I. 138), und die weiten aufgedeckten slavischen Urnenfelder haben die Erinnerung an die vormalige Bevölkerung bis in unsere Tage erhalten. Sagt doch Wolf Eichsfeld I. § 24 sogar: „Weit mehreren eichsfeldschen Orten haben die Wenden ihre Namen gegeben"; cf. die in demselben § zahlreich angeführten slavischen Orte, die also noch westlich unserer Linie liegen, wie a. e. Dalwenden, Wiegenswende (Wenigewende), Allmannswend, Pfaffschwende, Schierswende, Wenden, Wendelenroth, die windische Mark etc.

Als vormals rein slavischer Boden wurde denn auch Husitin bis zu Anfang der sächsischen Zeit zur Mark gerechnet. In den westlich davon gelegenen Gauen hatten andere den Comitat, in Husitin allzeit die Markgrafen. Die Reichsgaue, in welchen diese Markgrafen ihren Stützpunkt hatten, lagen südlich vom Gebirge. An den letzten thür.-sorbischen Markgrafen Burchard kamen nur die märkischen Gaue, unter ihnen auch Husitin und Languizza. Erst nach Bezwingung und Vertreibung seiner Söhne wird das Terrain, das älteste Markland dieser Gegend, als Reichsland betrachtet und durch Heinrich I. dem eigentlichen Thüringen einverleibt.

Zwischen Gebirge und Main ist die Gegend an der fränkischen Saale als alte Scheide beider Stämme zu betrachten. Der p. Grapfeld occ. (mit seinen Untergauen Tullifeld und Saalgau) stellt sich hier als der östlichste deutsche Reichsgau dar, obgleich der p. Grapfeld orient. östlich der fränkischen Saale bis Jtz und Paunach, von slavischer Bevölkerung erfüllt, frühe als Reichsgau betrachtet wurde. Hier, wo die alten thüringischen Herzogsgewalten und die älteste Mission ihren Ausgangspunct gehabt, war die Germanisation und deutsche Herrschaft früher denn anderweit eingetreten, also dass der p. Grapfeld orient. noch während der Zeit Karls d. G. in die Reichsgrenzen gebracht wurde. Man vergesse nicht, dass sich die Deutschen hier schon seit Herzog Radulfs Zeiten den Slaven energisch entgegengeworfen, cf. Fredegari chron. c. 75. 77! Der Radenzgau aber erscheint stets als slavisch-märkischer District. — Kunde, die einigen Anhalt gewährt, erhalten wir aus der Gegend an der fränkischen Saale erst am Anfang des 8. Jahrhunderts. All' die zahlreichen Behauptungen, nach welchen die fränkische Saale zum Ausgangspunkt der salischen Franken erhoben wird, sind als ebenso zahlreiche kühne und völlig haltlose Hypothesen zurückzuweisen. Was in die untersten Rheingegenden gehört, kann nicht in die mittleren und oberen Maingegenden verlegt werden! 14)

Erst unter Hetan II. tritt Wirzburg und Hamelburg an der fränkischen Saale als von einiger Bedeutung hervor. Daneben erscheinen bald auch Saaleck und Windsheim als befestigte Orte an diesem Flusse, — Orte, die sich insgesammt als G r e n z festen dar-

---

14) Wenck. Kremer, Genssler, Eccard, Wersebe, Gaupp und nach ihnen andere sind in dieser Beziehung in argem Irrthum. Wenck II. 131 pp. 146. 163. hat sich unendliche Mühe gegeben, die Lage Dispargums zu bestimmen und die im Prolog der lex Salica genannten Personen und Orte in der fränkischen Saalgegend zu entdecken; — vergebliches bemühen! — Ebenso irren all' diejenigen, welche für dieses Dispargum: Duisburg a. Eller, Dietesburg in der Buchonia, Dessenberg im Paderbornschen, Dilsperg a. Neckar etc. gesetzt haben. Wie die salischen Franken selbst von den unteren Rheingegenden an der Yssel (i. e. Saale) ausgingen, so ist auch da das alte Dispargum zu suchen und die Heimath der lex Salica, wie wohl Hermann Müller in seiner gründlichen Abhandlung über diesen Gegenstand bis zur Evidenz erwiesen hat. Ebenda sind auch die Thüringer zu suchen, mit denen die salische n Franken schon um Chlodwigs Zeit in Berührung kamen, wie ingleichen d i e Wariner und d i e Angeln, für welche die „lex Warinorum et Angliorum hoc est Thuringorum" gegeben ward, daher auch die grosse Verwandtschaft derselben mit der lex Salica. Mit den Thüringern am Waldgebirge, mit den Angeln im p. Engilin, mit Warnern an der Werra hat jenes Volksgesetz unbedingt nichts zu schaffen. Infolge dessen fallen Gaupps Ansichten, soweit sie dieses Gesetz betreffen, in sich selbst zusammen (während sie für nicht

stellen. Hamelburg wurde von Hetan II. 716 an Utrecht gegeben. 15)
Wirzburg war wohl schon Residenz der Vorgänger Hetans, doch bestimmte Nachrichten fehlen. Im Jahre 741 (742?) wurde es vom
Bonifaz zum Bischofssitz erhoben. Burchard war erster Bischof daselbst. 754 erhielt Megingaud das Bisthum, kein Angelsachse, wie
so oft irrig angenommen ist, sondern ein Thüringer, an der fränkischen Saale heimisch und reich begütert. Von ihm wurden die
ersten Klöster dieser Gegend gegründet, Megingaudshausen und Mat-
tencelle; ob Schwarzach, ist fraglich. Megingauds Stiftungsbrief für
letzteres (von 816?) cf. ap. Falkenstein antiquitates Nordgavienses
II. 147 pp. Abel, Jahrbuch d. fränk. Reichs unter Karl d. G. I. 424.
setzt aber wohl mit Recht einigen Zweifel in eine Gründung durch
Medingaud. Nachmals war Ludwigs II. älteste Tochter Hildegard
Aebtissin dieses kleinen Frauenklosters zwischen Wirzburg und
Windsheim, vorher ihre Muhme Theodrada, eine Tochter Karls d. Gr.
und der Fastrade, und so rührt dies Kloster möglicherweise von
letzterer her. Von Wirzburg selbst sagt aber Willibald (cit. ap.
Wenck II. 256 N. n.) „Wirzaburg — — in confinibus Francorum atque Sclavorum!" — Das Kloster Kitzingen soll auf
Veranlassung des Bonifaz von einer gewissen Hadeloga gestiftet
worden sein (— die Eccard comment. de rec. Francide orient. I. 354
haltlos als Dagoberts 2. Tochter Adela bezeichnet), aber es bleibt
zweifelhaft. Wäre dem so, so fiele der Ort immerhin in die Gegend
von Wirzburg. Die Schenkungen Pipins und Karlmanns an Fulda
erstreckten sich nur auf den Reichsgau Grapfeld occident., westlich
der fränk. Saale, cf. die Schenkungsurkunden Sickel ad 760, jun.
(nebst der dazu gehörigen Anmerkung p. 217) et 766, jul. — 775
erscheint Salzungen als königl. Villa. 16) — Schweinfurt wird zum
ersten male 790 erwähnt („Suninfurther marca"). Allem Anscheine
nach damals ein Ort von geringer Bedeutung. Oefter tritt es erst
seit der 2. Hälfte des 9. Jahrhunderts hervor (cf. Schöpff, Nordgau-
ostfränkische Staatsgeschichte p. 7—9). — Im Jahre 824 werden

---

unmittelbar diesen Gegenstand berührende Verhältnisse sehr beachtenswerth
sind) und ebenso die merkwürdigen Hypothesen Wersebes Gaue p. 69 pp.

15) 777, 7. jan. werden die königl. Besitzungen zu Hamelburg etc. von
Karl d. G. urkundlich an Fulda gegeben (Dronke cod. dipl. Fuld. no. 57,
Sickel no. 60), bei welcher Gelegenheit das erste mal Weinberge in dieser
Gegend erwähnt worden.

16) Sie wurde an Hersfeld gegeben. 841 bestätigt Lothar dem Abt
Rhaban von Fulda, einem seiner treuesten Anhänger, die Schenkung des
Gutes Salzungen an der Wisara (i. e. Werra), cf. Dronke cod. dipl. Fuld. p.
240, Schannat trad. Fuld. p. 183.

die fast in gleicher Richtung gelegenen Klöster Milz und Rohr genannt, indem berichtet wird, dass sie unter fortwährenden Slavenanfällen zu leiden: „incursu paganorum Sclavorum, videlicet e regione Boemie, sepius irruptionem facere et homines abducere solebant" (Dronke c. d. Fuld. N. 158). Schon 800 übergiebt Emhild ihr Erbgut zu Milz (eine Anzahl Orte in den Aemtern Behrungen, Iphofen, Römhild, Themar) dieser Einfälle halber dem Stifte Fulda, cf. Schultes Dir. I. Urk. v. 3. febr. 800. Natürlich ist hier nicht an das eigentliche Böhmen zu denken, sondern an das rein slavische obere Mainland, welches allgemein mit unter böhmischem Namen begriffen wurde. Erst um 830 wird das Kloster Seligenstadt a. Main gestiftet (cf. Dümmler I. 868) und unter den Kirchen, die Karlmann, Ludwigs I. Sohn, dem Stifte Wirzburg zuweist, sind die östlichsten: Eichsfeld im Grapfeld occ., Hamulunburg an der fränk. Saale und Bleichfeld. Genssler II. 19 hat an Bleienfeld bei Nürnberg gedacht. Dieses ist kaum annehmbar. Der Ort ist schwer zu bestimmen, da es mehrere Orte dieses Namens gab, wie vor allem die Forschungen nach dem gleichnamigen Geburtsorte Wolframs von Eschenbach erwiesen haben, die auf Veranlassung Maximilians I. von Baiern angestellt wurden.

Alles weist darauf hin, dass in vorkarolingischer Zeit mit den Gegenden an der fränkischen Saale das deutsche Reichsland nach Osten hin abschloss. Wenig östlich von letzterem Flusse begann die terra Slavorum, die sich anfangs ebenfalls über den p. Grapfeld orient., wenigstens den ganzen östlichen Theil desselben, erstreckte. Eine Menge Ortsnamen erinnern an die ehemals slavische Bevölkerung. Wie in Thüringen östlich der Ilm und Gemha, so werden hier östlich der fränk. Saale in den verschiedenen Schenkungsurkunden etc. auffällig häufig Slaven erwähnt. Um Coburg, Lichtenfels, Staffelstein etc. erscheint noch spät alles slavisch; ebenso um Königsberg und Hasfurt. Es sei a. e. nur an Banz und den Banzgau, den östlichen Theil des p. Grapfeld orient. erinnert, der rein slavischen Ursprungs war. (Ob eine der vierzehn von Ludwig I. gestifteten Kirchen daselbst gestanden, wie wiederholt vermuthet worden, muss völlig dahingestellt bleiben. Die Abtei wurde erst 1069 vom Markgrafen Hermann von Vohburg gestiftet, cf. Sprenger Dipl. Geschichte der Abtei Banz. Nürnberg 1803. p. 30—46.) Die Aufzählung der vielen Orte, die sich noch heute als vormals slavische beurkunden, würde zu weit führen (cf. die bair. Generalstabskarten über die betr. Aemter; ich habe sie benutzt auf der königl. öffent. Bibliothek zu Dresden.) Ueber die sehr westlich gelegene zweifellos slavische Lupenze marcha cf. Schöttgen u. Kreysig scr. rer. Germ.

I. 19, Dronke cod. dipl. Fuld. p. 345; Schannat. trad. Fuld. p. 245.
Weil aber der p. Grapfeld orient., östlich der fränk. Saale bis Itz
und Paunach, aus bereits angeführten Gründen frühe zum Reiche geschlagen wurde, verblieb er auch bei Errichtung des rein märkischen
Bisthums Bamberg (1007) unter der Diöces Wirzburg (cf. Schannat
trad. Fuld. p. 175. N. 440), gleichwie nördlich vom Gebirge Husitin
unter Mainz verblieb als 968 die dortigen Markbisthümer errichtet
wurden. Auf die an der Itz und Paunach und Rednitz (Pegnitz) gelegenen Territorien beziehen sich die Worte in der Urk. Ludwigs v.
846 Mon. Boica XXVIII. A. 40: „in terra Sclavorum, qui sedent
inter Moinum et Radantiam fluvios, qui vocantur Moinwinidi et
Radanzwinidi". In der Urk. Arnulfs v. 889 Eccard Francia orient.
II. 895, in welcher Grapfeld orient., Folkfeld und Rangau bereits
mit zu Ostfranken gezählt werden, heisst es über diese Gegenden
noch allgemein: „decimam tributi, quam de partibus orientalium
Francorum vel de Slauis ad fiscum dominicum annuatim persolvere
solebant, que secundum illorum linguam steora vel ostarstuopha
vocatur". Noch Heinrich I. bestätigte dem Stifte Wirzburg $^1/_{10}$ der
Steuern von den Slaven in den verschiedenen Gauen Ostfrankens
(Böhmer 923, 7. Ap.), — wahrlich nicht als von vereinzelt angesiedelten Fremdlingen, sondern als von heimischen zahlreichen In-
sassen!

Zwischen Main und Donau sassen die Slaven noch westlich der
Rednitz und weiter südlich bis gegen die Altmühl. Der Iphigau,
der Taubergau, der Nordgau (in seiner ursprünglichen östlichsten
Ausdehnung bis zur Altmühl, vielleicht bis zum unteren Regen)
stellen sich als die östlichsten Reichsgaue dar. Die noch westlich
der Rednitz gelegenen Gaue Rangau und Folkfeld (letzterer mindestens
zum grössten Theil) waren slavische Territorien. Hirsch, Jahrb.
unter Heinrich II. I. 12 hebt deshalb auch sehr richtig hervor, dass
sie als Markland gegolten. (Cf. über die Slaven im Rangau und
Folkfeld besonders Haas, Gesch. des Slavenlandes an der Aisch und
Ebrach. Bamberg 1819; Lang, Baierns Gaue p. 94 pp und derselbe,
Blicke vom Standpunkte der slavischen Sprache auf die älteste
deutsche, insbesondere fränkische Geschichte und Topographie).

Dem entsprechen die gleichzeitigen Nachrichten über die öst-
lichsten deutschen Orte daselbst: Bischofheim und Eichstädt. Das
Kloster Bischofheim a. Tauber bestand schon zur Zeit des Bonifaz.
Die h. Lioba war Aebtissin daselbst. — 742 wurde Willibald vom
Bonifaz als erster Bischof zu Eichstädt eingesetzt. [17] Das Bisthum

---

wurde vorwiegend für die Slaven an der nahen Reichsgrenze gegründet. Der Nordgau selbst reichte ursprünglich nur bis zur Altmühl (oder bis zum unteren Regen) und hat sich erst allmälig nord- und ostwärts erweitert, ein Umstand, der, nicht gehörig beachtet, zu so vielen Irrungen und Widersprüchen geführt hat (cf. Anhang). Sonst ist aus jener Zeit fast nichts über diese Gegenden bekannt. Zwar soll Gumbert um 750 das Kloster Ansbach gestiftet haben, aber alles, was wir von ihm wissen, ist so fabelhaft, dass auch dieser Nachricht kaum Glauben beizulegen ist.

Wie sehr selbst die westlichen Rednitzgegenden von Slaven erfüllt waren, erhellt noch aus den zahlreichen Ortsnamen. So finden sich a. e. im Amte Höchstädt: Wind bei Sambach, Förtschwind, Poppenwind, Mechelwind, Reumannswind; um Burgebrach: Windeck, Burgwindheim, Koppenwind, Waldswind; um Stollberg und Zabelstein: Geisselwind, Frankenwindheim, Bischwind, Reinhardswind; im Ansbach'schen: Winden, Wind, Brodswinden, Ratzenwinden, Windelsbach, Windsberg, Windstetten, Windshofen, Windbach, Windsheim, Windisch-Letten b. Schesslitz, Windisch-Geilenreuth b. Ebermannstadt, Ernesteswinden etc. Eine grosse Anzahl Orte deutschen Namens sind erwiesenermassen slavischen Ursprungs. Die Tracht der dortigen Landbevölkerung soll noch zum grossen Theil slavischen Charakter tragen. „So kommt man auf den Gedanken, die Slaven seien ein Hauptstamm der ganzen Ansiedelung Frankens; sie haben sich weiter verbreitet, als man gewöhnlich glaubt" (Haas Gesch. des Slavenlandes an der Aisch § 3). Frise setzt ap. Ludewig script. episcop. Wirzeburgensis p. 413 die „regio Slavorum" sogar an das westliche Rednitzufer. Auch noch westlich der Aisch bis gegen den Steigerwald erscheint alles slavisch, — die Gegenden westlich von Eltmann, Ebrach und Geroldshofen. Selbst bis gegen den Main hin, um Volkach, finden sich noch zahlreich slavische Ortsnamen, wie a. e. Kolitzheim, Zeilitzheim, Frankenwindheim, Alitzheim, Vögnitz, Bischwind etc.

Weil all' diese Districte bis in späte Zeit slavisch waren, deshalb trat auch Wirzburg bei Errichtung der Diöces Bamberg 18)

heim gründete, und der Walpurga, welche erste Aebtissin daselbst war, also ebensowenig ein Fremdling wie Megingaud, sondern in der Gegend heimisch und angesessen, — und es wäre an der Zeit, den immerwiederkehrenden Irrthum, (selbst bei Wattenbach Geschichtsquellen p. 84), dass jene Aebte aus England gekommen, endlich zurückzuweisen.

18) Die Stiftungsurk. Heinrichs II. v. 1. Nov. 1007 Ludewig script. episcop. Bambergens. I. 1112 pp.; die ann. Heremi M. III. melden zu diesem Jahre: Episcopium in Pabenborg constructum est.

noch einen beträchtlichen Theil westlich der Rednitz in den Gauen
Folkfeld und Rangau ab. In einem Schreiben ap. Ludewig scr. Bambergens. I. 1116 wird der geringe Nutzen, den diese Gegenden, fasst
nur von Wald bedeckt und von Slaven bewohnt, dem Bisthum
Wirzburg brächten, als Grund der Abtretung angegeben. Seitdem
ist unter p. Folkfeld nur der unter Wirzburg verbliebene westliche
Theil dieses Gaues zu verstehen, der als Reichsboden betrachtet
wurde, während der an Bamberg abgetretene Theil mit unter dem
Namen des Rednitzgaues begriffen ist, der als Markland betrachtet
wurde, wie sich noch zur Zeit des Sturzes der Babenberger deutlich
zeigt. Dass man noch spät als eigentlichen Reichsboden nur das
betrachtete, was zur Wirzburger Diöces gehörte, beweist auch deutlich die Ausdehnung des ostfränkischen Kaltschmiedebezirks, dessen
östliche Orte (— Sesslach a. Itz, Ebern a. Paunach, Eltmann a. Main,
Burg Ebrach im Folkfeld, Schlüsselfeld und Windsheim —) genau
mit der Ostgrenze der Wirzburger Diöces und des alten Reichslandes
Zusammenfallen, cf. Kremer Rhein. Franzien p. 168. Seitdem erscheinen Eltmann und Ebrach im p. Folkfeld als die östlichsten
Orte der Wirzburger Diöces; was unter Wirzburg verblieb, umfasste
der Wirzburger Decanat Geroldshofen. Die abgetretenen Districte
begriffen demnach die Gegenden von Wachenrode, Lonerstadt und
Mühlhausen, die seitdem als zum märkischen Radenzgau gehörig be-
trachtet wurden, wie dies auch aus einer Urk. des ersten Bamberger
Bischofs Adalrich erhellt, in der es von diesen heisst: „in altera
parte Radenze" (Eccard corp. hist. medii aevi II. 79.) Dazu stimmt
Urk. Heinrichs II. v. 1007 Falckenstein antiqu. Nordgav. II. 159, dass
Bischof Heinrich von Wirzburg an Bamberg gegeben habe „prae-
fatum locum (Bamberg) cum praedicto pago (Radenzgau östlich der
Rednitz) — — — cum suis adiacentiis, quarum haec nomina sunt,
Wachenrode, Lonerstat, Mulhusen".

Ueber das Land östlich der Rednitz ist nichts zu bemerken,
da sich als bekannt voraussetzen lässt, dass das ganze Terrain durchaus slavisch war. Deshalb wird der Rednitzgau selbst noch nicht in
der angeführten Urk. Arnulfs v. 889 genannt, in der sonst alle ostfränkischen Gaue sorgfältig angeführt sind. — Wie weit sich südlicher die slavische Bevölkerung gegen die Altmühl hin ausbreitete,
kann nicht mit Sicherheit bestimmt werden. Mit Schafarik anzunehmen, dass sie bis zu dieser ausschliesslich gesessen, möchte
fast etwas zu gewagt erscheinen. Wir wissen nur, dass unter den
beiden letzten Agilolfingern bedeutende Ansiedelungen an der mittleren
und unteren Nab erfolgten, cf. Hormayr Herzog Luitpold p. 31.
Zweifellos sassen Slaven noch westlich derselben. Nicht zu über-

sehen dürfte hierbei der Umstand sein, dass wir Tassilo und seine Vorgänger, die so viele Kämpfe gegen die Slaven im Osten und Südosten führten, nicht einmal gegen die Slaven nördlich der Donau im Kampfe finden.

Anbetracht dessen nun, dass Osterwalde und Belcsem durchaus slavisch waren, — dass die Slaven selbst die östlichen Theile der Reichsgaue: Bardengau, Nordthuringau, Schwabengau, Hessengau inne hatten, — dass der weite Gau Husitin und alles Land bis gegen die Ilm und fränkische Saale von Slaven erfüllt war, — dass Slaven selbst den grössten Theil von Folkfeld und Rangau noch westlich der Rednitz und alles Land bis gegen die Altmühl hin in Besitz hatten, — muss erhellen, dass die Deutschen schon innerhalb der Linie, die man so oft als Stammesscheide bezeichnet, d. h. westlich der Elbe und Saale und des Böhmer Waldes, eine starke slavische Macht zu bewältigen hatten, ehe sie über jene Linie hinausgehen konnten. — Anbetracht dessen, dass während der ganzen Karolingerzeit so gut wie nichts zur Bekehrung der Slaven geschah, dass sich also dem Deutschthum nicht nur das Slaventhum, sondern mit ihm dem Christenthum zugleich das Heidenthum entgegenstellte, — der Kampf sonach nicht nur einen politischen, sondern zugleich einen religiösen Character trug, — muss klar werden, dass diese slavische Macht nur um so energischeren und hartnäckigeren Widerstand leistete. — Zu einer ernstlichen und systematischen Mission unter den Slaven ist unter Karl und seinen Nachfolgern kaum ein Anfang gemacht worden. So befremdend dies vielleicht klingt, es lässt sich erweisen. Nur eins der deutschen Länder hatte schon vor Karl mit der Mission nach dieser Seite hin begonnen und auch während der folgenden Zeit nicht geruht, — Baiern. In den südöstlichen Marken hatte daher das Christenthum am Ende der Karolingerzeit schon wesentliche Fortschritte gemacht. Der Grund ist vor allem darin zu suchen, dass Baiern selbst das Christenthum schon früher und freiwillig angenommen hatte. Was dagegen die Nordostlande des Reichs betrifft, so war hier, zumal in Sachsen und Thüringen, das Christenthum so neu und verhasst, dass es nur mit Mühe erst im eigenen Lande einigermassen Wurzel fassen konnte. Die sächsischen Bischöfe konnten an eine Mission unter den benachbarten Slaven geradezu nicht denken. Man erinnere sich nur des Widerstandes gegen die fränkische Herrschaft und die christliche Kirche zugleich, wie er auf lange Zeit hinaus von der sächsischen Stelinga ausging. Selbst Berichte von der Bekehrung nur einzelner Slaven stehen während der Karolingerzeit vereinzelt da. Es wird zwar gemeldet, dass Ludwig II. 846 vierzehn Kirchen an Main und Rednitz

zur Bekehrung der Slaven dotirt habe, von einem Erfolg aber ist
keine Spur wahrzunehmen. Noch 1007 wurde Bamberg vor allem
als Missionsanstalt für die Rednitzslaven gegründet. Selbst aus
Gegenden, in denen sich ein regeres kirchliches. Leben entfaltete,
klingen noch spät die Klagen über slavisches Heidenthum. Als a. e.
Otto I. 968 jene grossartigen kirchlichen Einrichtungen traf, wählte
Boso Merseburg, den stärksten östlichen Stützpunkt deutscher Waffen,
zum Sitz, weil dieser am sichersten vor feindlichen, d. h. slavischen
Anfällen sei. Thietmar von Merseburg (VI. 26) weiss es im Anfang
des 11. Jahrhunderts noch als ein ganz besonderes Verdienst seines
Vorgängers zu rühmen, dass er es gewagt, einen heiligen Hain in
der Nähe der Stadt zu zerstören, also in unmittelbarer Nähe Merseburgs! Noch im Jahre 1071 (Urk. Schultes I, 189) klagt Erzbischof
Anno von Cöln laut darüber, dass die Slaven um Saalfeld fast reine
Heiden seien, und das Peterskloster daselbst ward 1075 zu deren
Bekehrung gegründet. Das Bisthum Zeitz musste noch 1032 der
fortgesetzten Anfälle der umwohnenden heidnischen Slaven halber
nach Naumburg verlegt werden. Noch in der 1. Hälfte des 12. Jahrhunderts wurde die Kirche zu Reichenbach im Voigtlande von denselben zerstört und die 1122 zu Plauen im Voigtlande erbaute Kirche
war die erste und einzige im ganzen Gaue Dobena (cf. Lepsius
Gesch. des Hochstifts Naumburg. Urk. N. 6. 37. 34.), — von den
nördlichen Bisthümern u. ihrem Schicksal gar nicht zu reden. — Auf
Wunsch Kaiser Ottos III. a. e. erbaute noch am Ende des 10. Jahrhunderts (995) Bischof Bernhard von Hildesheim die Mundburg am
Zusammenfluss der Aller und Ocker gegen die Anfälle der Slaven:
„ubi flumina Alera et Ovokare confluunt, munitiunculam ad modum
munitam extruxit, in qua copiis militum dispositis, barbarorum im-
petum repulit, populumque Dei ab hostili feritate liberavit" (Thangmari vita Bernwardi c. 7. M. IV. 761). Dass aber unter den Bar-
baren nur die Slaven verstanden werden können, geht aus einer Urk.
Falke cod. trad. Corbeiensium p. 236 hervor: „mundburg — — contra
perfidorum incursionem et uastationem sclauorum". Die Festen
Warenholz (Wirinholt, — Thangmari vita Bernwardi M. IV. 761),
nördlich von Mundburg, und Lüneburg („Luneburg to des Landes
were" — Kronika fan Sassen XII. ed. Scheller p. 39) waren jedenfalls, wie gegen die Normannen, so gegen die Slaven errichtet, und
dieses Lüneburg musste noch der Billinger hoch in der 2. Hälfte
des 10. Jahrhunderts erbauen! Man erinnere sich weiter noch der
schweren Schläge, die dem Reiche durch den dauernden Slavenaufstand seit 983 versetzt wurden (cf. Thietm. chron. III. 10. M. III.
764, ann. Hildesheimens. ad 983); der Anfälle und Verwüstungen,

welche noch um diese Zeit Zeitz, Calve, Hamburg etc. zu ertragen
(cf. Thietm. chron. M. III. 764. 765. 767) etc. In entsprechender
Weise musste im Süden der Bischof von Eichstädt noch im Anfang
des 10. Jahrhunderts mit einem Gesuch bei Ludwig IV. einkommen,
einen festen Ort gegen die Anfälle der Slaven an der Altmühl er-
richten zu dürfen, cf. Hormayr Luitpold p. 107 pp. Wie nahe
allenthalben den alten Reichsgrenzen! — Wie spät schon in der
Zeit! — Aus solchen Nachrichten dürften sich denn doch einige
Schlüsse von Bedeutung ziehen lassen! — Und hiermit ist zugleich angedeutet, woher es kommt, dass noch in später Zeit
deutschen Orten, an der alten Stammesgrenze gelegen, fortlaufend so
grosse Gefahr von Seiten der Slaven drohte, und was es mit den
wiederholten Berichten von slavischer Abhängigkeit und Tributpflicht
häufig für Bewandniss haben mag.

Die gegenseitige Begrenzung der deutschen Ostvolkschaften.

Die gegenseitige Begrenzung der deutschen Ostvolkschaften kann
umsoweniger übergangen werden, als sich die Markordnung Karls
vom Jahre 805 der Ausdehnung der betreffenden Volkschaften an der
Ostgrenze genau anschliesst.

Es erscheint hierbei weniger vortheilhaft, die Volkschaften in
ihrer Reihenfolge von Nord nach Süd oder umgekehrt zu beachten,
als vielmehr von derjenigen auszugehen, die an der Ostgrenze vormals die weiteste Ausdehnung hatte und hier vorwiegend in Betracht
kommen muss, — von der „thüringischen". — Die übertriebenen,
aller geschichtlichen Belege baaren Behauptungen von einer Ausdehnung der Thüringer von der Niederelbe bis zur Donau und darüber hinaus, und andererseits bis zur Oder und Weichsel und March,
übergehe ich vollständig, da dieselben doch wohl endlich als bereits
abgethane zu betrachten sein dürften. 19) Gewiss aber ist, dass die

19) Besonders stützen sich die betreffenden Hypothesen auf die bekannten Stellen des Geographen von Ravenna (der sich c. 25 und 26 noch
dazu auf einen anderen, einen gewissen Anadarius beruft) und des Paul Dia-

Thüringer sich ehemals sowohl weiter gen Norden als gen Süden erstreckten; — dass der thüringische Name im Norden durch den sächsischen, im Süden durch den ostfränkischen Namen beschränkt wurde, und so während der karolingischen und ersten sächsischen Zeit nach und nach die Ausdehnung erhielt, die er noch gegenwärtig hat (wie aus den Markveränderungen am Anfang des 9. Jahrhunderts noch deutlicher erhellen wird, denn mit der Beschränkung des thüringischen Namens fällt die Umgestaltung und Theilung der alten thüringischen Mark zeitlich zusammen).

Der Derlingau und Northuringau erstreckten sich bis zur Ohre (cf. Ledebur Nordthüringen p. 6 pp und die sehr gründlichen Untersuchungen ap. Böttger Brunonen § 59—63), und bis dahin haben wir die ursprüngliche Ausdehnung der Thüringer anzunehmen. Wersebe Gaue p. 34 pp sagt zwar, dass die Striche östlich vom Harz, zwischen Ocker und Ohre und Elbe niemals ein Stück von Thüringen gebildet, weil der thüringische Name auf ein rauhes Gebirgsland weise, hier aber keins sei, — jedoch eine Behauptung, derart begründet, stellt sich von selbst als haltlos dar. 20)   Ohne

conus IV. 12. Nach diesen erscheinen die Thüringer zwar nördlich der Donau, aber dass sie „unmittelbar‟ an derselben gesessen, ist nirgend gesagt. Auch die vita Severini Noricorum Apostoli (am Anfang des 6. Jahrhunderts von seinem Schüler Eugippius geschrieben) gedenkt der häufigen Einfälle der Thüringer in Noricum, woselbst sich der thüringische Name aber überhaupt nur im allgemeinen auf nördlich der Donau sitzende Volkschaften bezieht, cf. Westenrieder Beiträge zur bair. Geschichte I. 51. Auf obigen Stellen mehr oder minder fussend, haben eine Anzahl Historiker den Thüringern jene übertriebene Ausdehnung gegeben, n. e. Ledebur Nordthüringen und die Hermundurer oder Thüringer p. 38 51. 54; Adelung Directorium Einleitung p. 20 pp; Falkenstein antiqu. Nordgav. I. I. § 4.; Genssler Grepfeld I. 260 pp. 304; Palacky I. 73 pp; Leutsch Gero p. 148 pp; Böttger Brunonen p. 518. etc. etc. Erklärlicher würde diese Ausdehnung werden, wenn man mit Waitz Deutsche Verfassungsgeschichte II. 13. annehmen wollte, dass der thür. Name ein Gesammtname für alle suevisch-herminionischen Volkschaften gewesen sei, wofür sich aber auch ein Beweis nicht beibringen lässt, abgesehen davon, dass dann nicht mehr von den eigentlichen Thüringern die Rede ist.

20) Ueberhaupt stehen Wersebes Ansichten in dieser Beziehung allenthalben der geschichtlichen Thatsache entgegen. Die vormalige Zugehörigkeit dieser Gaue zu Thüringen bedarf keines weiteren Beweises, und die Behauptung Wersebes p. 35. dass diese Nordthüringer mit den eigentlichen Thüringern ebensowenig zu schaffen wie der Schwabengau mit den Schwaben, ist eine völlig unannehmbare. Wenn er in seiner Abhandlung über den Nordthuringau (p. 109—124) weiter behauptet. dass nach Unterwerfung Thüringens durch die Franken die wildesten Thüringer nach dem Norden verpflanzt worden seien, um sie auf diese Weise vom Mutterlande zu trennen, so ist diese Hypothese geradezu widersinnig, da man die Sachsen, den eigenen Feind, auf diese

Zweifel ist nun ein Theil dieses nördlich der Unstrut gegelegenen Thüringens frühe unter fränkische Herrschaft gekommen. Wahrscheinliches und offenbar falsches ist schon über diese Partie der Geschichte geschrieben worden. Es sei hier nur daran erinnert, dass wir aus keiner gleichzeitigen Quelle näheres über das aufkommen der fränkischen Herrschaft in diesen nördlichen Gegenden wissen, sondern dass alle Nachrichten über die Kämpfe Theodorichs etc. aus späterer Zeit stammen und neben Wahrscheinlichkeiten offenbare Irrthümer und Widersprüche enthalten. Ziemlich ausführlich behandeln diese Kämpfe die gesta regum Francorum Bouquet II. 539 — 572; diese, um 720 geschrieben, sind aber im allgemeinen nicht besonders glaubwürdig, folglich auch in dieser Hinsicht sehr vorsichtig zu gebrauchen. Das chron. vetus ducum Brunsvicensium Leibnitz scr. II. 15 pp stammt aber erst aus dem 13. Jahrhundert. Gewiss nur, dass zur Zeit des Pipin und Bonifaz der Hessengau als fränkisches Gebiet betrachtet wurde, während das nördlich davon gelegene Ge-

---

Weise selbst verstärkt haben würde. Aber aus dieser Leugnung der Zugehörigkeit, aus dieser haltlosen Beschränkung Nordthüringens, entspringen bei ihm eine ganze Reihe (theilweise sehr arge) Irrungen. Indem er Nordthüringen nördlich der unteren Unstrut nur den Hessengau umfassen lässt p. 34 pp, Nordthüringen aber doch von weiterem Umfange erscheint, dehnt er dasselbe nach Süden hin über anerkannt süd-thüringische Gaue aus, wie a. e. über den Altgau p. 43, Winidon p. 44, 54, Helmgau p. 62, ja selbst über Engilin p. 55. Weiter treibt ihn alsdann die Consequenz, die so zweifellos fränkisch-thüringischen Grafen Wigger (an der Werra sesshaft) für „sächsische" Grafen zu erklären, — ja selbst die Grafen von Weimar p. 43!! Erscheinen doch erst nach karolingischer Zeit die Grafen vom Hessengau als sächsische Herren, nicht aber vom Anfang an, wie Wersebe p. 36 sagt. Man vergleiche ferner seine haltlosen Beweise für eine Zugehörigkeit Engilins zu Nordthüringen p. 68 pp, — vor allem die Hypothese, dass Karl das thüringische Volksgesetz für diesen Gau gegeben, weil das salische Gesetz für die Bewohner desselben als Nordthüringer (i. e. Sachsen) nicht gepasst habe!! — Zum grossen Theil entspringen diese Irrungen daraus, dass Wersebe die Unstrut in ihrem ganzen Laufe als Grenze zwischen dem sächsischen und fränkischen Thüringen gelten lässt, während erwiesenermassen nur die untere Unstrut, dann aber die Helme dieselbe bildete. Man vergleiche nur die klare Beschreibung des chron. Halberstadens. Leibnitz scr. II. 121 pp; ausserdem zum Sachsengraben eine Urk. Ottos II. v. 979. Wenck II. Urkdnb. p. 32, cf. Böhmer no 544, und zwei Urk. ap. Schultes v. 18. Jan. und 5. Feb. 985. Dazu passt denn auch, was Everhardus Leibnitz III. 155 sagt:

Ock ligen twoi dorp an Süddöringerland;

Ein Erich, dat andere Tenstede ghenandt.

Beide Orte liegen aber nördlich der oberen Unstrut: Tennstedt im Altgau, Freien-Erich im p. Winidon, cf. dazu die Urk. Ottos I. v. 21. April 950. Harenborg hist. eccl. Gandersheimens. p. 65.

biet durchaus als sächsisches erscheint. So schreiben a. e. die ann.
Mettenses. 748. M. I. 310: „Pipinus — — — per Thuringiam in
Saxoniam veniens, fines Saxonum quos Nordosquavos vocant,
cum valida manu intravit". Dem entspricht denn auch der Umstand, dass der Hessengau zur fränkischen Diöces Mainz gehörte
(und erst später unter die sächsische Diöces Halberstadt gelangte,
cf. Sickel II. 416 Am.) Ob. sich die fränkische Herrschaft ehemals
und vorübergehend noch weiter gegen Norden (bis zur Ohre?) erstreckt hat, muss dahingestellt bleiben. Unmittelbar vor Karl d. G.
und im Anfang seiner Zeit war alles nördlich vom Hessengau gelegene Terrain (Schwabengau, Nordthuringau, Derlingau) unter sächsischem Namen begriffen. Um so eher dehnte sich der sächsische
Name über diese altthüringischen Territorien aus, als zur Zeit der
karolingischen Hausmaier und in der ersten Zeit Karls im Norden
der Name Sachse und Heide durchaus identisch erscheint, d. h. alle
noch heidnischen Volkschaften im nördlichen Deutschland als sächsische bezeichnet werden. Daher in dieser Zeit die weite Ausdehnung
des sächsischen Namens. Im Westen schwindet der sächsische Name
nach der Christianisirung wieder (und die Volkschaften treten wieder
unter ihren Einzelnamen hervor), — im Osten blieb er haften und
der thüringische Name verliert sich im Laufe der Karolingerzeit
nördlich vom Hessengau fast gänzlich. Nur ganz vereinzelt wird
diese Gegend, ausser in den betreffenden Gaunamen, ferner als Thüringen bezeichnet. So a. e. heisst es noch vom Lothar v. Walbeck
Thietm., chron. IV. 26. M. III. 779: Liutharius autem ex clara
Thuringiæ septentrionalis prosapia editus pp. Im 11. Jahrhundert
verlieren sich die letzten Anklänge. — Aber auch der thüringische
Hessengau wurde bald als sächsisches Terrain betrachtet und unter
sächsischem Namen begriffen. Schon seit Ludwigs I. Zeit gehörte
er zur sächsischen Diöces Halberstadt. Seitdem aber Heinrich I.
durch seine Vermählung mit Hatheburg in diesem Gau reich begütert ward, — seitdem die sächsischen Herzoge die Kaiserwürde
erhielten, — wurde alles Land nördlich der unteren Unstrut als sächsisches bezeichnet (cf. auch Böttger p. 535, Knochenhauer p. 3. 71).
Seitdem erscheinen nördlich der Unstrut, im Reichslande wie in dem
nördlich davon gelegenen Marklande, nur sächsische Herren (Grafen.
Pfalzgrafen, Markgrafen und Bischöfe). So werden a. e. die Merse-
burger Grafen Esiko und Bio ausdrücklich als Saxones bezeichnet
ann. Quedlinburgens. 995. M. III.; Dedo von der Ostmark als marchio Saxonicus Lamberti ann. M. III. 174, 219; die Bischöfe von
Merseburg als sächsische Herren ib. III. 229, etc. — Der thüringische
Name blieb ausschliesslich auf das südlich der Unstrut gelegene

Reichsland und das östlich davon gelegene Markland beschränkt, um auch von letzterem bald verdrängt zu werden. — So hatte sich während der Karolingerzeit der thüringische Name von der Ohre allmälig bis zur Unstrut zurückgezogen, — ein Vorgang, der im Anfang der sächsischen Kaiserzeit seinen Abschluss fand.

Da, wo südlich vom Gebirge später der ostfränkische Name auftaucht, erscheint in vorkarolingischer Zeit nur der thüringische Name, während in karolingischer Zeit die Namen Ostfranken und Thüringen abwechselnd gebraucht werden, in nachkarolingischer Zeit aber der thüringische Name gänzlich schwindet.

Die nachmalige Ausdehnung des ostfränkischen Namens (im engeren Sinn), bietet den sichersten Anhalt zur Bestimmung der Ausdehnung der Thüringer gegen Süden. In der Markordnung Karls von 805 findet diese Annahme ihre Bestätigung. Nach einer Stelle aus Einhardi vita Karoli M. c. 14: „pars — — quae inter Saxoniam et Danubium — — — a Francis, qui orientales dicuntur, incolitur" — scheint es allerdings als habe die Donau Baierns Nordgrenze gebildet. Offenbar ist aber die Donau, als bekannter Strom, nur ganz allgemein als Grenze angeführt. Seitdem einiges Licht auf die Lande zwischen Main und Donau und westlich der Rednitz und Altmühl fällt, findet sich bairisches Gebiet auch nördlich der Donau, und alle Umstände sprechen dafür, dass die bairische Volkschaft seit uralter Zeit daselbst sesshaft war. Die fränkisch-thüringische und bairische Scheide hat seit Alters der Quellrücken der Aisch, Zenn, Bibert, Rezat, Altmühl und Wörnitz gebildet, — die Ostheimer Steige. Hier war in kirchlicher Beziehung von Anfang an die Grenze zwischen der fränkisch-thüringischen Diöces Wirzburg und der bairischen Diöces Eichstädt (denn Eichstädt wurde vom Bonifaz mit Genehmigung Herzog Utilos von Baiern als bairisches Bisthum eingerichtet und der erste Bischof Willibald war ein bairischer Herr). Ebenso waren in politischer Hinsicht die nördlich dieser Scheide gelegenen Gaue Taubergau und Rangau (Thubergouue, Rangewi — Urk. Arnulfs 889 Eccard Fr. or. II. 895) allzeit fränkische, in denen die fränkisch-thüringischen Babenberger den Comitat hatten; — das südlich davon gelegene Territorium aber, welches das Riess und den Nordgau (im alten engeren Sinn) umfasste, allzeit ein bairisches (cf. Haas Gesch. des Slavenlandes an der Aisch, § 1—11; Falkenstein antiqu. Nordgav. I. 148. II. 153; Genssler Grapfeld I. 305 pp.) Hier, „auf der Grenze ihrer Reiche im Riess" fand 876 die Vereinigung der drei königl. Brüder statt, — hier, wo sich Alemannien, Ostfranken und Baiern berührten. Mit den fränkisch-thüringischen Herren der sorbischen Mark ziehen die

Bischöfe von Wirzburg gegen die Feinde der Grenze, mit den bairischen Herren der böhmischen Mark die Bischöfe von Eichstädt. Selbst noch lang nach Verleihung dieser ostfränkischen Districte an bairische Herren fand die alte Stammesgrenze ihre Berücksichtigung, cf. noch das alte Kesslerprivilegium Friedrichs II. v. 1444 Kremer p. 407 no. 7. — So hat der thüringische (und nachmals ostfränkische) Name gen Süden niemals über den bezeichneten Quellrücken hinaus gereicht. Südlich davon lag bairisches Territorium.

Der Vertheilung dieser drei Volkschaften schliesst sich nun sowohl die Markordnung Karls als auch die Vertheilung der fürstlichen und markgräflichen Gewalten nach Karls Tode an.

Die Markordnung Karls vom Jahre 805.

„De negotiatoribus qui partibus Sclavorum et Avarorum pergunt, quousque procedere cum suis negotiis debeant, id est partibus Saxoniae usque at Bardaenowic, ubi praevideat Hredi; et ad Schezla, ubi Madalgaudus praevideat; et ad Magadoburg praevideat Aito. Et ad Erposfurt praevideat Madalgaudus, et ad Halazstat praevideat item Madalgaudus. Ad Foracheim, et ad Breemberga, et ad Ragenisburg praevideat Audulfus, et ad Lauriacum Waruarius". Capitulare Caroli M. a. 805. leg. I. 133. „Et mandavit eis rex Carolus aedificare civitates duas, unam ad aquilonem partem Albine contra Magadaburg, alteram vero in orientalem partem Sala, ad locum qui vocatur Halla". chron. Moissiacense a. 806. Mon. I. 308.

Die Orte sind: Bardewik im nördlichen Theile des Bardengaues unweit der Elbe, Alten-Zell a. Ohre, Magdeburg, Erfurt, Hallstadt b. Bamberg, Forchheim, Priemberg bei dem heutigen Burglengenfeld, Regensburg, Lorch a. d. Donau, — wozu im folgenden Jahre noch zwei Befestigungen bei Magdeburg und Halle kamen. 21) Die Lage der

---

21) Altenzell (Scheasla), Magdeburg, Hallstadt, Forchheim und Priemberg werden bei dieser Gelegenheit überhaupt das erste mal erwähnt. Dass sie 805 bereits bestanden, ist wohl ausser Zweifel, gewiss aber nur als unbedeutende Orte, die sich erst seitdem heben. Die Chronisten dieser Zeit

Orte weisst auf die damalige äusserste Reichsgrenze, wie denn auch Eichhorn deutsche Staats- und Rechtsgesch. § 135 mit Recht sagt, dass der Markgraf anfangs immer seinen Sitz „in dem äussersten festen Puncte" einer alten Provinz gehabt. Weil es die äussersten Grenzpuncte waren, die im Capitulare von 805 genannt werden, deshalb wurde auch den Kaufleuten der Handel nur bis dahin gestattet und der Handel hier von den Grenzgrafen überwacht. Dümmler Gesch. d. ostfr. R. I. 252 und Kuochenhauer p. 17 fassen die Stelle so auf, als habe die Reichsgrenze östlicher gelegen; auch Rathmann Gesch. d. Stadt Magdeburg p. 20, wenn er sagt: „um den Handel in seine Länder zu ziehen". Aber gewiss mit Unrecht. Es würde unpractisch gewesen sein, die Slaven in das Reich haben kommen zu lassen.

Nach dem, was § 1 gesagt worden, ergiebt sich, dass man bereits theilweise, wie a. e. an der Rednitz, über die Stammesgrenze hinaus gegangen war, somit die politische Grenze in einzelnen Strichen etwas vorgerückt hatte, wie es die Territorialverhältnisse erheischten. Das Slaventhum sah sich zweifellos durch diese Grenzordnung gefährdet und beeinträchtigt, denn der allgemeine Slavenaufstand längs der ganzen Grenze in den Jahren 805 und 806 ist entschieden mit diesem Vorgange in Verbindung zu bringen.

Zu Schessla, Erfurt, Hallstadt wird ein Graf Madalgaud namentlich angeführt, — zu Forchheim und Regensburg ein Graf Au-

---

haben (nach dem Geiste ihrer Zeit) deren Ursprung fast durchweg auf die Zeit der Römer zurückgeführt (cf. a. e. Schlöpken Chronik von Bardewik cap. 2.; Rathmann Gesch. der Stadt Magdeburg I. 16 pp (Virginopolis! Barthenopolis!); Thietm. chron. I. c. 1 über den Ursprung Merseburgs, etc.), — aber diese Berichte entstammen meist erst dem späteren Mittelalter und sind durchweg in das Reich der Märchen zu verweisen. Besonders über die Lage von Hallstadt differirten die Ansichten. Leibnitz suchte es in der Gegend von Saalfeld, Rathmann hält es für Halberstadt, Schlöpken für Allstädt; auch an Heiligenstadt hat man gedacht. Es ist aber noch jetzt ein Marktflecken, etwa eine Stunde von Bamberg. Am 6. Mai 1007 gelangte es durch Schenkung Heinrichs II. an das neugestiftete Bisthum Bamberg, cf. Böhmer Reg. no. 992. — Breemberga hält Eccard comment. de reb. Franc. orient I. 673 und II. 103 fälschlich für Nürnberg. Von Nürnberg wird vor Otto I. gar nichts gehört und während der ganzen Karolingerzeit wird, soviel mir bekannt, nicht einmal das castrum Noricum erwähnt, cf. Falkenstein antiqu. Nordgav II. 411 pp.; p. 415 weist derselbe schon richtig auf Bromberg bei Burglongenfeld a. Nab hin. — Rathmann Gesch. von Magdeburg p. 30 meint, dass Schessla „höchst wahrscheinlich" Esslingen sei, welches noch während des Mittelalters in den Vierlanden b. Hamburg bestanden habe; unbestritten aber ist es Alten-Zoll a. Ohre. Ueber die verschiedenen Schreibweisen dieser Ortsnamen cf. die Noten bei Pertz.

dulf, — zu Bardewik Graf Hredi, — zu Lorch Werner. In diesen Grafen haben wir Markgrafen, — Grenzgrafen vor uns. 22)

Die Vertheilung der markgräflichen Gewalten entspricht der Ausdehnung der deutschen Volkschaften an der Grenze. Von einer völlig willkürlich gesetzten Grenzordnung Karls kann nicht die Rede sein. Der Einheitsstaat hob die Sonderung der Volkschaften nicht auf. Hinsichtlich der Grenzvertheidigung war jede Volkschaft zunächst nur zur Vertheidigung ihrer eigenen Grenzen verpflichtet. Reichsaufgebote erfolgten nur bei ganz ausserordentlichen Unternehmungen. Wir sehen die Sachsen nur zwei mal ausserhalb ihres Grenzbezirks gegen die Slaven kämpfen. Soweit sich eine Volkschaft an der Grenze erstreckte, reichte die Mark (Grenzbezirk), deren Vertheidigung unter einer einheitlichen markgräflichen Leitung stand.

Wie der vorige Paragraph dargelegt hat, erstreckten sich vormals die thüringischen Lande von der Ohre bis in die Gegend von Forchheim (wie denn auch Dümmler II. 165 sagt: „Forchheim, schon nahe der bairischen Stammesgrenze"). Dem entsprechend findet sich für diese Ausdehnung ein Markgraf, — Madalgaud, —

---

22) Ausser ihnen wird ein Graf Aito zu Magdeburg angeführt. Anbetracht aller Verhältnisse kann ich diesen nur für einen Burggrafen halten, dem allein die Vertheidigung dieses Ortes zufiel, nicht, wie den übrigen genannten Grafen, die Vertheidigung eines weiteren Grenzdistrictes. Gewiss hatten all' diese Plätze noch besondere Burggrafen, wie dies später deutlich allenthalben zu erkennen ist, aber es ist nur der zu Magdeburg namentlich angeführt, als der des wichtigsten und am weitesten vorgeschobenen Punctes. Magdeburg war der Schlüssel zu den nordöstlichen Slavenlanden. Auf Behauptung dieses Platzes kam ausserordentlich viel an. Deshalb wurde nicht nur eine stehende Brücke daselbst errichtet, sondern dieselbe auch noch durch ein besonderes auf jenseitigem Ufer gelegenes starkes Vorwerk gedeckt (806). Hätte der Graf von Magdeburg wirklich eine hervorragendere Stellung (als Markgraf) eingenommen, er hätte sich fast unmöglich durch die ganze Karolingerzeit der Wahrnehmung so völlig entziehen können. Auch später hat nie zu Magdeburg ein Markgraf seinen Sitz gehabt. — Rathmann Gesch. von Magdeburg p. 20 hält ihn für einen „Statthalter oder kaiserlichen Abgeordneten", der nur die Aufsicht über den Handel daselbst geführt, — und dass „vielleicht" erst am Ende der Karolingerzeit ein Burggraf („comes") seinen Sitz daselbst erhalten habe. Diese Ansicht ist entschieden irrig. Der dortige Graf verwaltete vor allem ein burggräflich-militärisches Amt, — wie denn überhaupt all' diese Orte nicht nur als Handelsorte („vici comerciis celebres" cfr. Conringius de const. urb. Germ. § 84) angesehen werden können, sondern vor allem als starke Grenzfesten betrachtet werden müssen (cf. Sagittarius antiqu. archiep. Magdeburgens. § 19). Dasselbe gilt von Schlöpken Chron. v. Bardewik p. 146, der auch den Hredi nur als Aufseher über den Handel betrachtet.

Grenzgraf der alten thüringischen Ostgrenze; 23) südlich von Forchheim bis zur Donau ebenfalls e i n Markgraf, Audulf, — Grenzgraf
der alten bairischen Ostgrenze nördlich der Donau. Und so haben
wir, im Anschluss an die alte deutsche Stammesausdehnung, die ursprüngliche Ausdehnung der thüringisch-sorbischen und der bairisch-
böhmischen Mark klar vor uns.

 . Was gewöhnlich hindert, denselben Madalgaud auch zu Schessla
an der Ohre anzunehmen, ist einerseits die weite Ausdehnung, die
auf diese Weise sein Verwaltungsbezirk erhält, andererseits der Umstand, dass der thüringische Grenzbezirk nach Norden hin bald in
beschränkterer Ausdehnung erscheint. Das letztere ist eine un-
leugbare Thatsache, die aber völlig erklärlich wird. Es ist bereits
im vorigen Paragraphen darauf hingewiesen worden, dass die nördlichen
Thüringer, nach langem Anschluss an die Sachsen dem eigenen Volke
mehr und mehr entfremdet, zunehmend unter sächsischem Namen
begriffen wurden. Die ganze folgende Zeit lehrt, dass die Vertheidiger der thüringisch-sorbischen Mark, also die Nachfolger Madalgauds, ihren Stützpunkt im nachmaligen Ostfranken, also südlich
vom Gebirge hatten. 24) So war das bereits stark entfremdete nord-
thüringische Terrain allerdings zu weit vom südlichen Hauptsitz der
Grenzgrafen entfernt, als dass dieselben stets persönlich hätten zur

---

23) Knochenhauer p. 18 N. 2 nimmt diesen Madalgaud nur für Erfurt
und Hallstadt an, indem er fortfährt: „dagegen ist der Madalgaud zu Scheela
im Lüneburgschen ein anderer". Zu dieser Annahme ist man kaum berechtigt.
Hätten wir zwei gleichnamige Personen vor uns, es wäre gewiss durch ein
„alter" angedeutet; das im Capitulare stehende „item" weist wohl gerade
recht klar auf Identität der Person. Die Aufzählung der Plätze erfolgt in
grader Ordnung von Nord nach Süd (Magdeburg, — neu und bedeutend, —
ist mit seinem Burggrafen Aito nur eingeschoben). Wie die Grenzordnung
selbst, so waren auch die Persönlichkeiten der eingesetzten Grenzgrafen von
Bedeutung, und es ist darum nicht so „rein zufällig", dass uns ihre Namen
aufbewahrt sind, wie Knochenhauer p. 17 meint. Ebenso unklar bleibt, wie
derselbe dazu kommt, dem Madalgaud die gleiche Gewalt, wie sie Audulf und
Werner besassen, abzusprechen; cf. hierzu auch Hirsch Heinrich II. I. 15. —
Ausser dem Madalgaud erscheint im ganzen Bezirk namentlich nur ein Graf
zu Erfurt: „Signum Werneri Comitis atque Missi Caroli Imperatoris
(Urk. XIII. Wenck II.), der offenbar nur als Pfalzgraf (und vielleicht zugleich
als Burggraf?) seinen Sitz daselbst hatte.

24) Deshalb bleibt mir unklar, wie Knochenhauer p. 66 zu der eigenthümlichen Bemerkung kommt, dass die Markgrafen der sorbischen Mark das
Gebiet bis zum Fichtelgebirge und Main nach und nach „in den Bereich ihrer
Wirksamkeit gezogen" hätten. Dieses letztere gehörte ursprünglich und zu-
allernächst in denselben.

Hand sein können. Dies aber war umsoweniger nöthig, als in den betreffenden Gauen nördlich der Unstrut nicht nur die Deutschen am dichtesten und am weitesten gen Osten sassen, sondern hier auch die stark geschützte Pfalz Merseburg bestand. Beachtet man, dass schon in einer Schenkungsurk. Karls für Hersfeld (Sickel 780, 8 mart.) im Hessengau zwei Grafen genannt werden, Albericus et Marcoardus, so kann man kaum zweifeln, dass dem einen das pfalz-, dem andern das burggräfliche Amt zugefallen sei, ganz in derselben Weise, wie dies später (in sächsischer Zeit) bestimmt und klar hervortritt; — ferner, dass auch die nachmalige markgräfliche Gewalt der sächsischen Ostmark zweifellos aus der burggräflichen Gewalt zu Merseburg erwachsen war und dass (nachdem sich die Verhältnisse dieser nordöstlichen Gegenden während der Karolingerzeit fast gänzlich der Geschichte entzogen) am Ende dieser Zeit neben dem Herzoge von Ostsachsen allein Graf Erwin von Merseburg (der wahrscheinlich, gleich seinem Nachfolger Sigfried, die pfalz- und burggräfliche Würde vereinigt hatte) als im Besitze hervorragenderer Gewalt erscheint, — so kann kaum bezweifelt werden, dass die Vertheidigung der Grenzen des Hessengaus von den Burg- resp. Pfalzgrafen besorgt wurde, — die Vertheidigung der weiter gen Norden gelegenen Grenze zweifellos aber den Herzogen von Ostsachsen (mindestens seit Ludolf), übertragen worden war, — und somit im Norden eine Beschränkung des alten thüringischen Grenzbezirks eintrat, infolge deren Erfurt frühe zum nördlichen Stützpunkt der thüringischen Grenzvertheidigung wurde. Ein Vorgang, der sich vielleicht gleich nach Madalgauds Tode vollzogen, — über den uns aber alle Nachrichten fehlen. Ueber die Vermuthung kommen wir hier nicht hinaus.

Nach Süden hin wird im Capitulare der bairische Graf Audulf zu Forchheim genannt. Aber alsbald nach Karls Tode und während der ganzen folgenden Zeit tritt Forchheim als ostfränkisch-thüringischer Ort hervor. Forchheim und Priemberg lagen einander verhältnissmässig nahe. Forcheim erscheint in der Folge als südlicher Stützpunkt der thüringisch-ostfränkischen, — Priemberg an der oberen Nab als nördlicher Stützpunkt der bairischen Grenzvertheidigung. Gleich nach dem Sturze Tassilos erscheint der schwäbische Graf Gerold als bairischer Markgraf. Karl übergab ihm, dem Bruder seiner Gemahlin Hildegard, die Vertheidigung Baierns gegen die Avaren. Der Verwaltungsbezirk der avarischen Markgrafen lag allerdings nachmals nur südlich der Donau, aber es ist kaum zu zweifeln, dass dem Gerold die Vertheidigung der bairischen Grenze in ihrer ganzen Ausdehnung, also auch nördlich der Donau, übergeben wurde, wenigstens findet sich nicht eine Spur einer bairisch-markgräflichen Gewalt neben der seinen. Waitz Verfassungsgesch. III. 311 bezeichnet daher sehr richtig die beiden gleichzeitigen Grafen Werner und Audulf als die Nachfolger Gerolds, so dass also nach Gerolds Tode (799 ann. Quedlinburgens.) eine Theilung des Verwaltungsbezirks eingetreten sein würde. Um diese Zeit scheint Forchheim als die nördliche Grenzfeste Baierns gesetzt worden zu sein, wie sie es bei der Grenzordnung von 805 noch blieb, bis sie, entsprechend der Stammesgrenze, seit der Theilung von 817 durchweg als der südlichste thüringisch-ostfränkische Grenzort erscheint. Ueberall wird Forchheim als im Radenzgau gelegen angeführt (cf. Falckenstein antiqu. Nordgav. II. 145, 156, verschiedene Urk. Heinrichs II. a. e. Böhmer no 1007, 1008, 1168 etc.), dieser aber gehörte ursprünglich und in seiner „ganzen" Ausdehnung zur thüringischostfränkischen Mark der Babenberger, bis 1007 zur Diöces Wirzburg und seitdem zur Diöces Bamberg. Erst nach Adalberts Sturz änderten sich auch hier die Verhältnisse.

Infolge dessen nun, dass in dem Capitulare Bamberg als der südliche Punct in Madalgauds Vertheidigungsbezirk erscheint, haben selbst gründliche Forscher auf diesem Gebiet, wie a. e. Schultes hist. Schriften I. 14, Hirsch I. 15, Knochenhauer p. 66, u. a. dem lim. Sorab. nur eine Ausdehnung bis zum Main gegeben. Dem gegenüber ist zu beachten, dass die Babenberger, die Markgrafen der sorbischen Mark, nicht nur den Comitat in den südlich am Main und westlich von der Rednitz gelegenen Gauen Folkfeld und Rangau besassen, sondern auch in dem östlich von der Rednitz gelegenen Radenzgau, der südlich bis Forchheim reichte und zur sorbischen Mark gehörte. Wäre es doch völlig unnatürlich, dass die bairischen Markgrafen die fränkischen Gaue der Babenberger hätten vertheidigen sollen! Erst nachdem die Babenberger (im Anfang des 10. Jahrhunderts) gestürzt waren, erscheinen nicht nur in den Gauen Folkfeld und Rangau bairische Herren, sondern es wurde auch das vorliegende Markgebiet zur bairischen Mark geschlagen.

Die Vertheidigung der Ostgrenze nördlich der Ohre lag den Grenzgrafen von Bardewik ob. Bis zur Ohre reichte ursprünglich auch nur die eigentlich sächsische Bevölkerung. In diesen Gegenden war das Land am offensten, der slavische Andrang am energischsten, — die Ausdehnung der Grenze, deren Hut diesem Grenzgrafen oblag, am beschränktesten. — Jenseits der Elbe findet sich um diese Zeit noch keine Spur von Feststellung einer bestimmten Ostgrenze und einer Grenzordnung (abgesehen von der dänischen Mark, die hier nicht in Betracht kommt). Einhardi ann. ad 819. M. I. 205 schrei-

ben zwar, dass der perfide abodritische Fürst Sclaomir „per prae-
fectos Saxonici limitis et legatos imperatoris" abgeführt, und
dass der Kampf jenseits der Elbe geführt worden sei, dass aber dort
dieser limes Saxonicus bestanden, ist nirgend gesagt. Er ist an der
Elbe zu suchen und seine Präfekten waren die Grafen von Bardewik und Hamburg (und vielleicht von Boitzenburg, cf. ann. Einh.,
Fuld., Regin. ad 809). Der transalbingische lim. Sax. rührt aus
späterer Zeit, cf. L. Giesebrecht Wendische Geschichten I. 107 pp.
Während der Karolingerzeit wird von den Grenzgrafen zu Bardewik nichts wieder gehört. Anbetracht der Abgeschlossenheit Sachsens
und dem frühen aufkommen des Ludolfingischen Herzogshauses in
Ostsachsen, kann es keinem Zweifel unterliegen, dass die Vertheidigung der Ostgrenze frühe von den Ludolfingern selbst besorgt
wurde, wenigstens erscheint neben ihnen keine Gewalt von nur
einiger Bedeutung, wie denn auch Weitz Heinrich I. p. 94 schon
bemerkt, dass die eigentliche sächsische Markgrafschaft (als Amt)
mit dem Herzogthum verbunden gewesen sei. Selbst das kann kaum
bezweifelt werden, dass ihnen noch im Laufe der Karolingerzeit die
Vertheidigung der Grenze südlich der Ohre zufiel und den Grafen
von Merseburg nur die Vertheidigung der pfälzischen Grenze blieb.
In dieser Weise stellen sich wenigstens die Verhältnisse beim Ein-
tritt Heinrichs I. deutlich dar.

So finden sich seit dem Jahre 805 zwischen Donau und Elbe,
entsprechend den drei daselbst angesessenen Volkschaften, drei Grenz-
vertheidigungsbezirke:

1. der limes Boemicus oder die bairisch-böhmische Mark von
   der Donau (Regensburg) bis gegen Forchheim (Priemberg);
2. der limes Sorabicus oder die thüringisch-ostfränkisch-sor-
   bische Mark von Forchheim, ursprünglich bis Schessla (Ohre),
   bald nur bis Erfurt (Unstrut);
3. der limes Saxonicus, ursprünglich von der Ohre bis zur Elbe,
   von Schessla bis Bardevik (in welcher Ausdehnung sich
   nachmals die sächsische Nordmark findet), bald aber weiter
   gen Süden und jenseits der Elbe sich erstreckend. 25)

Die zahlreichen hiervon abweichenden Ansichten haben ihren

---

25) Die ausdrückliche Bezeichnung limes wird allerdings erst später
gebraucht; a. e. für die sächsische Mark das erste mal 819 Einhardi ann.
M. I. 205, für die thüringische Mark 849 Ruodolfi Fuldensis ann. M. I. 366.
Für die bairisch-böhmische Mark kommt, soviel mir bekannt, die ausdrückliche
Bezeichnung lim. Boem. in den Annalen gar nicht vor; in den Fuldaer wird
nur 849 M. I. 366 der dortige Markgraf Ernst als „dux partium illarum"
angeführt.

Grund entweder darin, dass die vorliegenden Nachrichten nur ober-
flächlich beachtet und spätere Verhältnisse auf frühere Zeiten zurückgeführt worden sind, oder dass man die fortlaufenden Veränderungen
in der Markverwaltung übersehen oder falsch aufgefasst hat. So a. c.
setzt Heinemann Markgraf Gero p. 3 die Sorbenmark vom Fichtelgebirge bis in die Gegend der Havelmündung, die in karolingischer
Zeit von Erfurt aus verwaltet worden sei. Auf diese Weise müsste
entweder die bairisch-böhmische Mark von der Donau bis zum Gebirge gereicht haben, oder man müsste zwischen beiden Marken eine
noch besondere (vierte) Mark annehmen, was beides mit der Geschichte in offenem Widerspruch steht. Die Markgrafen der sorbischen Mark hatten ihren Comitat und Hauptsitz aber gerade südlich vom Gebirge. Während so Heinemann dem lim. Sorab. eine
Beschränkung im Süden giebt, wie sie erst in weit späterer Zeit
durch Erweiterung der bairisch-böhmischen Mark eintrat, — nimmt
er nach Norden hin die ursprüngliche Ausdehnung an, ohne wiederum
hier die frühe Beschränkung zu berücksichtigen. Ja, indem er p. 9
selbst die sächsische Nordmark aus dem alten lim. Sor. hervorgehen
lässt, giebt er demselben sogar eine übertriebene Ausdehnung bis
zur Elbe, — ein Irrthum, der bei verschiedenen daraus entspringt,
dass sie den lim. Sax. nur nördlich der Elbe suchen, infolge dessen
die Grenze zwischen Ohre und Elbe offen bleiben würde, wenn man
nicht den lim. Sor. bis dahin ausdehnte. — Kremer Rhein. Franzien p. 177 lässt ebenfalls den lim. Sor. erst bei Saalfeld beginnen.
Wie er dann den Luitpold, der doch nördlich vom Gebirge niemals eine Stellung eingenommen, als Herzog der Sorbenmark anführen kann, bleibt allerdings völlig unklar. Dümmler I. 252 spricht
nur von einer Sorbenmark „an der Saale und mittleren Elbe". —
Auf der anderen Seite dehnt a. c. Genssler II. 110 die sorbische
Mark bis zur Altmühl und Donau aus (während er sie p. 161 in
richtiger Weise auf den Radenzgau beschränkt). Ebenso Buchner
Gesch. von Baiern I. 149 pp, der die sorbische Mark von Anfang zu
Baiern gehören lässt, von dem sie 876 getrennt worden sei!! Der
südliche Theil der sorbischen Mark fiel allerdings an die Markgrafen der bairischen Mark, aber erst am Anfang des 10. Jahrhunderts. Ziergiebl, welcher in den neuen historischen Abhand-
lungen der bairischen Akademie II. 45 pp die böhmische und sorbische Mark aus dem Capitulare von 805 erläutert, hat die sorbische
Mark zu sehr beschränkt. — Fast alle Irrungen sind daraus ent-
sprungen, dass die periodisch verschiedene Ausdehnung des Nordgaus und die Markveränderungen im Anfang des 10. Jahrhunderts
nicht gehörig berücksichtigt worden sind.

Seit Feststellung dieser Grenzordnung Karls vom Jahre 805 hat man wiederholt von einem **Markensystem** Karls d. G. gesprochen. „Von der Donau im Süden bis zur Elbe im Norden war ein wohlgeordnetes Markensystem eingerichtet" Waitz Heinrich I.; ähnlich Hirsch Heinrich II. I. 14 pp; Dümmler ostfränk. R. I. 252; Heinemann Gero p. 2 pp (bei letzterem eine vorzügliche Auffassung). Es fragt sich vor allem, in welchem Sinne die Bezeichnung „Mark" aufzufassen ist. Von vornherein muss bemerkt werden, dass während der ganzen Karolingerzeit (ausser den bairischen Ostmarken südlich der Donau) **keine** Mark im Sinne der späteren Markgrafschaft, die einen geschlossenen bestimmten Verwaltungsbezirk auf feindlichem Boden darstellt, vorhanden gewesen ist. Die Mark kommt während dieser Zeit in vierfacher Bedeutung vor. 26)

1. Die Bezeichnung „Mark — marca — limes" ist durchaus identisch mit „**finis — Grenzlinie**". In diesem Sinne wird eine „Winidorum marca" in Hincmari chron. 864, eine „marcha contra Sclavos" in Francor. reg. hist. M. II. 325 erwähnt (gleichwie die ann. Loesiliani 774 Bouquet V. 38 für das fränkische Reich eine „marcha contra Saxones" anführen). In diesem Sinne wurde 805 die Mark, i. e. Grenze, gegen die Slaven festgestellt, und nur in diesem Sinne lässt sich für 805 ein limes Boem., Sorab. und Saxon. annehmen, cf. hierzu sub 3. Die Vertheidiger der Grenze (Mark) werden als praefecti limitis, custodes limitis, duces limitis, comites marcae etc. angeführt, welche Titel abwechselnd, aber durchaus identisch gebraucht werden. Sobald man unter Mark die Grenzlinie versteht, können die Vertheidiger derselben auch Markgrafen genannt werden, obwohl richtiger Grenzgrafen, zum Unterschied von den späteren eigentlichen Markgrafen, wie a. e. auch Heinemann N. 66 u. a. gethan haben. Nur in ganz vereinzelten Fällen bezieht sich die Bezeichnung limes auf ein bestimmtes den

---

26) Urkundlich werden Dorffluren oder Feldmarken häufig als Marken angeführt, wie a. e. Chinechern marca, Babelingeo marca, Weterunga marca, Heilingero marcn etc. i. e. Kitzinger, Babenhäuser, Weteringer, Hellinger Mark etc., welche Bedeutung der Mark hier nicht weitere Berücksichtigung finden soll. Nach Aufzählung derartiger Marken setzen die Urkunden öfter „et alia loca", wodurch die Bedeutung schon deutlich angegeben ist, cf. auch Wersebe Gaue p. 27. — Ebenso wird die Benennung Mark wiederholt für grössere Feldgenossenschaften gebraucht, wie a. e. für die Germermark (Wenck II. 460 pp, Wersebe p. 48 pp), für die Duderstädter Mark (Wenck II. 355 pp, Wolf Eichsfeld I. 27 pp) etc. Wersebe, der wiederholt diese Bezeichnung Mark auf streitige Grenzdistricte bezieht (a. e. p. 28, 46, 68, 105 ist entschieden im Irrthum.

Feinden abgenommenes Terrain selbst, wie a. e. in Einhards Annalen ad 826 M. I. 214 der limes Avaricus u. limes Pannonicus sich auf die Ostmark und avarische Mark (Markgrafschaft) selbst beziehen, nicht nur auf deren Grenze. Lepsius I. Anhang I., Adelung Einleitung p. 31 pp u. a. haben ein gleiches hinsichtlich limitis Sorabici gethan, aber mit Unrecht. Nördlich der Donau kann die Bezeichnung schon deshalb nicht in diesem Sinne gebraucht werden, weil daselbst während der Karolingerzeit noch keine bestimmte abgeschlossene Mark existirte.

2. Die Mark bezeichnet während dieser Zeit auch ein bestimmtes Territorium, welches aber nicht auf slavischem, sondern auf Reichsboden zu suchen ist. „Schon Karl d. G. — — hatte vom adriatischen Meere bis zur Eider (?) eine Reihe von Grenzprovinzen oder Marken eingerichtet. — Dass man aber zu dieser Zeit nicht etwa, wie später, ein dem Feinde entrissenes Gebiet jenseits der Grenzen des Reichs verstand, sondern eine aus altem Reichslande zur Vertheidigung und Abwehr feindlicher Einfälle gebildete Grenzprovinz" Heinemann Gero p. 2. Klarer und bestimmter kann der Begriff Mark in dieser Bedeutung kaum gegeben werden. Die Mark liegt innerhalb, nicht ausserhalb der Grenze. — Zur Vertheidigung der Grenze konnte weder jedesmal der gesammte Heerbann des Reichs, noch der ganzen betreffenden Volkschaft aufgeboten werden. Um aber doch rasch und allzeit eine stärkere Kriegsmacht zusammenbringen zu können, wurden mehrere der östlichen Reichsgaue gleichsam zu einem Militärbezirk verbunden, deren Grafen zwar den Comitat völlig unabhängig von einander verwalteten, deren streitbare Mannschaft aber zum Zwecke der Grenzvertheidigung einem dieser Grafen untergeordnet wurde. Dieser wird dann vorwiegend als Markgraf bezeichnet, — dessen Markgrafschaft sämmtliche ihm militärisch untergeordnete Gaue bildeten. Bald nach Karls Tode ist zu bemerken, dass den betreffenden Markgrafen (bei Erledigungen etc.) aber auch der Comitat in mehreren dieser Gaue zufiel. — Selbst jede Gaugrafschaft an der Grenze gelegen kann in diesem Sinne als Markgrafschaft, i. e. Grafschaft an der Mark bezeichnet werden (cf. Dönniges Staatsrecht p. 350) und deren Graf (Comitatsinhaber) als Mark- oder Grenzgraf, Mark- oder Grenzwart (cf. L. Giesebrecht Wendische Geschichten I. 108 pp). Und wenn Einhard ann. 828. M. I. 217 schreibt: „totius paene Saxoniae comites simul cum markionibus", so sind eben unter diesen Markgrafen die Grafen (Comitatsinhaber) an der Grenze zu verstehen, die auch Stenzel de marchionum origine p. 9 als Grenzgrafen von den eigentlichen Markgrafen unterscheidet. — In diesem Sinne lässt sich dann

auch nördlich der Donau von bestimmten Markgrafschaften sprechen, die also aus Reichsboden, nicht aber aus bestimmten abgeschlossenen slavischen Districten gebildet waren. Die Grafen vom Nordgau (im ursprünglichen Umfang), Grapfeld, Nordthuringau, Derlingau, Bardengau etc. werden wiederholt in karolingischer Zeit als Markgrafen angeführt und ihre Markgrafschaften bildeten anfangs nur diese Reichsgaue. 27) — An der deutschen Nord-Westgrenze finden wir a. e. noch spät Markgrafen von Holland und Friesland; holländische und friesische Gaue bilden diese Markgrafschaften (gegen die Normannen), — hier, wo nur Reichsland vorhanden war. Graf Theoderich IV. von Holland wird ad 1046 und 1047 als marchio angeführt (Herimanni chron. M. V. 125. 126); desgl. Graf Arnulf von Flandern ad 937 (ann. S. Bavonis M. II. 187); cf. überhaupt die zahlreichen derartigen Bezeichnungen für dortige Grafen zwischen den Jahren 960—1093 ann. Blandinenses M. V. 25. 26. Hier sind auch die Markgrafen von (i. e. für) Sachsen zu suchen, deren fortlaufend Bothos Kroneke der Sassen gedenkt ap. Leibnitz III. 309—331.

3. Bereits ist bemerkt worden, dass nördlich der Donau Territorialgewinn unter Karl d. G. weder beabsichtigt war, noch (bis auf unbedeutende Districte) erzielt worden ist. Schon Dümmler Gesch. d. ostfr. R. I. 255 pp hat darauf hingewiesen, dass auch unter Ludwig I. und seinen Nachfolgern nicht nur kein Fortschritt in der Markeroberung zu bemerken ist, sondern dass in letzter Karolingerzeit selbst die von Karl d. G. gesetzte Grenze ernstlich bedroht war. Die Klage des Regino (chron. 841 M. I. 568) über die Schlacht bei Fontenaille lässt dies nur zu wahrscheinlich erscheinen: „in qua pugna ita Francorum vires attenuatae sunt ac famosa virtus infirmata, ut non modo ad amplificandos regni terminos, verum etiam

---

27) In diesem Sinne fasst Böttger Brunonen § 133 (besonders p. 517 518, 531, N. 727s., cf. auch seine Karte) die Markgrafschaft Thüringen selbst noch im Anfang der sächsischen Zeit auf, a. e. p. 520: „König Heinrich verwaltete das Herzogthum Thüringen unmittelbar; die Mark (Markgrafschaft Thüringen) stand unter einem Grafen Meginward, dem Graf Wilhelm folgt"; und p. 523: „die südthüringische Mark, in welcher 949 — 966 Graf Wilhelm als Inhaber des Comitats erscheint". Das, was man später unter thüringischer Mark auf slavischem Boden versteht, bezeichnet Böttger als Herzogthum Thüringen, — die Reichsgaue Thüringens aber als Markgrafschaft, denn sowohl Meginward wie Wilhelm hatten nur in diesen letzteren den Comitat. Ist nun auch Böttgers Ansicht über das Herzogthum Thüringen offenbar irrig, so hat er doch die Markgrafschaft Thüringen im alten Sinne richtig aufgefasst, für spätere Zeit aber kann diese Bezeichnung allerdings nicht mehr gelten.

nec ad proprios tuendos inposterum sufficerent". Die Verhältnisse, wie sie sich am Ende dieser Zeit darstellen, bestätigen dies. — Ist nun einerseits jede Behauptung von gesicherten, bestimmt begrenzten und abgeschlossenen Eroberungen östlich der Elbe und Saale während der Karolingerzeit zurückzuweisen, so ist andererseits doch kaum annehmbar, dass ausserhalb der von Karl gesetzten Grenzlinie gar nichts gewonnen worden sei. Ging die Eroberung auch nicht von den sich gegenseitig aufreibenden oder müssigen königlichen Gewalten aus, so doch gewiss von den markgräflichen. Sie finden wir fast ohne Unterbrechung im Kampfe mit den Slaven, und in diesem anhaltenden Kampfe drangen sie Schritt für Schritt vor, — sicher, aber so allmälig, dass sich der Erfolg ihrer verschiedenen und einzelnen Unternehmungen unseren Blicken völlig entzieht. Das Land bis in ungewisse Nähe des Böhmer Waldes, bis zur Saale (und wohl noch über diese hinaus) und bis zur Elbe erscheint am Anfang der sächsischen Zeit als gesichertes Terrain. — Mehr lässt sich nicht sagen.

Dass bereits durch Karl die Idee einer fortgesetzten Eroberung im Osten angeregt war, ist kaum in Abrede zu stellen (wenn man auch nicht mit Dümmler I. 11 in zu idealer Auffassung sagen kann: „Karl stellte den Deutschen, die er geeinigt, die Aufgabe, erobernd gegen ihre minderkräftigen und minderbegabten Nachbarn, vor allem gegen die Slaven vorzugehen, um sich durch Mittheilung des christlichen Glaubens, die Verbreitung einer höheren Cultur, gleichsam ein Anrecht auf ihre Abhängigkeit zu erwerben"). Infolge dessen war denn auch den königlichen Söhnen bei den verschiedenen Theilungen das Anrecht auf die zu gewinnenden Territorien (in der Ausdehnung ihrer Reichslande) oder auf bereits gewonnene Striche im Osten gegeben, hinsichtlich derer uns aber eine genaue Begrenzung unmöglich wird. Und in diesem Sinne sind die Marken aufzufassen, welche bei den verschiedenen Theilungen, wie a. e. 817. 831. (830) 839. M. leg. I. 198. 356. 373. erwähnt werden, wobei an bestimmte abgeschlossene Markgrafschaften, nur auf rein slavischem Boden, wie sie erst in sächsischer Zeit hervortreten, noch nicht gedacht werden kann. 28) In diesem Sinne bezieht sich also die Mark

---

28) Ausdrücklich wird die Bezeichnung „Marken" nur bei der Theilung von 839 M. leg. I. 373 gebraucht: „ducatum Toringubae cum marchis suis, regnum Saxoniae cum marchis suis" (cf. Prudentii ann. M. I. 435). In der Division von 817. leg. I. 198 heisst es nur (und zwar, soweit es die Slaven betrifft, in ganz unbestimmter Weise): Item Hludowicus volumus, ut habeat Baioariam et Carentanos, et Beheimos et Avaros, atque Sclavos qui ab orientali

wohl auf slavischen Boden, aber durchaus noch in unbestimmter (und nie zu ermittelnder) Ausdehnung.

Wie nun die Grafen im Sinne der Markgrafschaft sub. 2, häufig den Titel nach dem Mutter- und Reichslande führen: praefectus Baiovariae, dux et marchio Baioariorum, — marchio Francorum, de orientali Francia comes, — dux et comes Thuringorum, marchio in Toringia, Thuringorum praetor, — comes Saxonum, marchio Saxonicus, orientalium Saxonum marchio, — — ebenso führen sie ihn im Sinne der Markgrafschaft sub 1 und 3, nach dem angrenzenden slavischen Volke, gegen welches sie das Reichsland zu vertheidigen, nicht aber über welches sie zu herrschen: dux Boemannorum, comes de Boemia, dux limitis Sorabici etc. Jede Auffassung in letzterem Sinne (wie sie sich a. e. bei Leutsch u. a. findet) muss als durchaus irrig zurückgewiesen werden.

4. Die eigentliche Markgrafschaft characterisirt es, dass sie als ein bestimmtes, begrenztes, abgeschlossenes (landesherrlich - mark-

parte Baioariae sunt; — und in der von 831. leg. I. 356 wird nur gesagt, dass Ludwig ad Baioariam „Toringiam totam" etc. haben solle. Hinsichtlich obiger Worte („ducatum Toringubae cum marchis snis") sagt a. e. Dümmler I. 252. N. 5, dass darunter nur die eine sorbische Mark gemeint sein könne. Gablentz Mittheilungen der osterländischen Gesellschaft B. VI. (in einer dürftigen Abhandlung über den lim. Sor.) gelangt zu dem Resultate, dass man weder wisse, wie viel Marken es gewesen, noch wo sie gelegen. — Sobald die Mark im bezeichneten Sinne aufgefasst wird, wie es meines erachtens einzig zulässig ist, schwinden alle Schwierigkeiten, da es gleichgiltig ist, ob man die etwa längs der alten thüringisch-sorbischen Grenze südlich wie nördlich vom Gebirge gewonnenen Striche in der Ein- oder Mehrzahl als Mark oder Marken bezeichnen will. Heffter, der in Förstemanns neuen Mittheilungen aus dem Gebiete histor.-antiquar. Forschungen B. VI. H. I. 2 pp in bestimmter Weise die Lande Plisni, Chutici, Misni (wozu nachher noch das Land Lusiz gekommen sei!) versteht, stellt eine völlig haltlose Hypothese auf. Ebenso Adelung Dir. Einleitung, welcher darunter zwei Marken versteht, die mit den späteren Markgrafschaften Osterland und Landsberg identisch seien; und ib. p. 41, dass die Ober- und Niederlausitz „eigentlich auch zu dem Staatskörper (?) der sorbischen Mark" gehört hätten.

Solbst die nördlichen Slavenmarken eines Sigfried, eines Goro, eines Billing haben noch keinen bestimmten Abschluss nach dem Osten hin gehabt (cf. Heinemann p. 44; Giesebrecht I. 254; Gallus u. Neumann Beiträge zur Gesch. und Alterthumsk. d. Niederlausitz 1835. Liefrg. I. 33). Warum Waitz Heinrich I. Excurs 13, dem Sigfried eine eigentliche Markgrafschaft ab-, dem Goro aber eine solche zuspricht, ist mir nicht klar. — Es müssen daher alle Angaben fester Grenzen, zumal für bestimmte Jahre, entschieden zurückgewiesen werden, wie a. e. die eines fast beispiellos verworrenen Limmer, der Voigtland I. 97 die Elster 869, p. 99 die Mulde unter Karl dem Dicken als Ostgrenze setzt. Auch Adelung Dir. Einl. p. 31—33 geht in seinen Behauptungen viel zu weit.

gräfliches) Territorium nur auf slavischem Boden errichtet ist. Markgrafschaften in diesem Sinne aber haben während der ganzen Karolingerzeit nördlich der Donau nicht existirt. Riedel Mark Brandenburg I. 9 bemerkt schon mit tiefem Verständniss; „Ob es ein bestimmtes Landgebiet, an (ausserhalb) der Grenze gelegen, von jeher
gegeben habe, dessen Besitz mit dem markgräflichen Amte verbunden
gewesen sei, ist zwar eine zur Zeit noch unentschiedene, allem Anscheine nach aber zu verneinende Frage." — „Förmliche Markgrafschaften sind auch später nach den Siegen Heinrichs I. über die
Slaven nicht errichtet worden" Waitz Heinrich I. p. 109, Verfassungsgeschichte III. 314 pp. Unter diesen „förmlichen" Markgrafschaften sind aber jene bestimmten eigentlichen zu verstehen,
wie sie nachmals erst von Otto I. errichtet werden, cf. Ottonis M.
mandatum de inthronizatione archiep. Magdeburgensis von 968. leg.
II. 560. — „Dieses Wort Mark bedeutet jetzt (zur Zeit der Ottonen)
nicht mehr die befestigte Grenzlinie selbst, oder eine zur Vertheidigung errichtete Grenzprovinz, sondern ein jenseits der alten Reichsgrenze erobertes Gebiet" Heinemann p. 38.

Die Slavenkriege Karls nördlich der Donau.

Das erste mal erwähnen die Annalen zum Jahre 780 eine Berührung Karls mit den Slaven, und verschiedenen beliebt, seit diesem Jahre von slavischer Abhängigkeit und Tributpflicht zu sprechen.
— Karl war bis gegen die (Nieder-) Elbe vorgedrungen. Die an-
nales Petaviani M. I. 16 schreiben, dass während seines Aufenthaltes
daselbst (im Bardengau) „ad domnum regem multa milia gentilium
Winetborum hominum" gekommen seien, ohne irgend welcher Veranlassung zu gedenken. Wiederholt hat man angenommen, dass
diese Slaven gekommen seien, sich taufen zu lassen. Für diese Annahme ist auch nicht ein Beweis, — ja nicht einmal ein Wahr-
scheinlichkeitsgrund beizubringen. Die ann. Laureshamens. M. I.
31 bemerken nur ganz allgemein, dass in diesem Jahre viele Friesen
und Slaven getauft worden seien, während Regino nur sagt: „multi
de Nortluidis baptizati sunt". Selbst ohne die geringste Wahrscheinlichkeit können diese Nachrichten auf obige Zusammenkunft
bezogen werden. Bedenkt man, wie langsam das Christenthum bei

diesen Heiden Eingang fand; — dass man um diese Zeit in diesen Gegenden kaum wusste, was Christenthum war; — dass diese dortigen (Ost-) Sachsen noch durchaus Heiden waren, wie denn auch die Quedlinburger Annalen zu diesem Jahre sagen: „Carolus — — Saxones baptisari praecepit; 29) — dass schliesslich mit Annahme des Christenthums unabweisbar Anerkennung fränkischer Oberhoheit verbunden war, — so kann man unmöglich annehmen, dass Tausende, — viele Tausende freiwillig zur Taufe gekommen seien! Die ann. Tiliani M. I. 221 wissen auch nur von Bardengauern und transalbingischen Sachsen (Northlidi), die in diesem Jahre getauft wurden. — Vergleichen wir über das Zusammentreffen Karls mit den Slaven einige andere Nachrichten. Die ann. Fuldenses M. I. 349 schreiben: „Karolus habito conventu in Saxonia — — dispositisque tam Saxonum quam Sclavorum rebus, — — vadit". Worin dies bestanden, bleibt unerwähnt, — uns unbekannt. Näher führen uns der Angelegenheit die ann. Laurissens. M. I. 160: „ubi Ora confluit in Albia, ibi omniaque disponens tam Saxoniam quam et Sclavos" — und Einhardi ann. M. I. 161: „in eo loco, ubi Ora et Albia confluunt, ad habenda stativa conlocatis, tam ad res Saxonum qui citeriorem, quam et Sclavorum qui ulteriorem fluminis ripam incolunt etc. Es ist von der Ohre vorher und nachher die Rede, und auf diese ist das citerior u. ulterior zu beziehen, nicht auf die Elbe, die nur beiläufig erwähnt wird. Es ist bereits im vorigen Abschnitte darauf hingewiesen worden, dass nördlich und längs der Ohre ausschliesslich slavische Bevölkerung sass (im p. Belcsem). Die Ohre war Grenzfluss. Es ist unverkennbar, dass Grenzstreitigkeiten vorlagen und Karl vielleicht von beiden Parteien gerufen, oder im Interesse dieser Slaven, dieselben mit zu ordnen und beizulegen suchte. Citra Saxones degunt, in litore vero Sclavorum pagana manet gens ulteriori. Dispositis sane rebus pro tempore cunctis, ad sedes tandem studuit remeare paternas. Poeta Saxo ad 780. M. I. 236.

Bringen wir diese und andere Nachrichten in Verbindung. In der Folge finden sich Abodriten immer auf fränkischer Seite, und gegen diese Abodriten andere (transalbingische) Abodriten und Sachsen fortgesetzt im Kampfe. Diese cisalbingischen Slaven (abodritischen

---

29) Die vita S. Emmerani M. VI. 450 theilt zwar mit, dass bei einem „Turingo in finibus Parathanorum" (i. e. an der Grenze des Bardengaus) christliche Elemente vorgefunden worden seien, und das würde etwa in die Mitte des 8. Jahrhunderts weisen, da es ein Greis in der Mitte der 2. Hälfte des 8. Jahrhunderts aus seiner Manneszeit erzählt, aber die Nachricht steht zu vereinzelt da, als dass man Gewicht auf dieselbe legen könnte; cf. auch Rettberg Kirchengeschichte II. 401 pp.

Stammes und darum in natürlichster Weise als Abodriten bezeichnet),
— zwischen Elbe und Ohre, — von Sachsen und transalbingischen
Slaven bedrängt, — suchen Hilfe bei Karl. Sie wird ihnen zu Theil.
Christenthum und (bei innerer Selbstständigkeit) Anerkennung fränkischer Oberhoheit war für sie nun unausbleiblich. Es sind dies die
Abodriten, die in der Folge wiederholt als „Sclavi nostri" bezeichnet
werden. Durch diese Verbindung werden sie zum Zielpunkt der Angriffe der östlichen und nördlichen Sachsen und der transalbingischen
Slaven, die das Heidenthum und der gemeinsame (fränkische) Feind
verband. (Die Lage der deutschen Ubier war vormals der der cisalbingischen Abodriten durchaus analog). — Allem Anscheine nach
waren es zunächst nur diese cisalbingischen Abodriten, die zu Karl
in ein näheres Verhältniss traten. Die Verbindung mag sich damals
(780) angebahnt und mit ihr allmälig das Christenthum Eingang
gefunden haben. Auf keinen Fall kann dies schon jetzt von transalbingischen Slaven gelten, wie sich denn Karl überhaupt gegen diese
durchaus nur defensiv verhalten hat. Es werden die transalbingischen
Slaven wiederholt geschlagen, — der Gewohnheit gemäss zur Stellung von Geisseln veranlasst, um eine Garantie für den Bestand der
Ruhe und Sicherheit zu haben, — aber in ihrer Freiheit und Unab-
hängigkeit sehen wir die transalbingischen Slaven während der Zeit
Karls auch in keiner Weise beschränkt, selbstverständlich abgesehen
von jenen Slaven (Abodriten), denen nach und nach weite trans-
albingisch-sächsische Districte eingeräumt wurden. Von einem Kampfe
gegen die Slaven in diesem Jahre, — zumal gegen transalbingische,
— und gar einer Unterwerfung derselben, — ist nirgend die Rede
und alle dahingehenden Behauptungen müssen als eine Entstellung
geschichtlicher Thatsache bezeichnet werden.

Auch in der Folge ist Karl nur in der Defensive gegen die
nördlichen Slaven zu erblicken. Er würde sonst in der unpraktischsten
Weise den kaum bezwingbaren Sachsen einen gleichgefährlichen
Bundesgenossen zugeführt haben. Karl stand zu den Nord-Slaven
in einem durchaus anderen Verhältniss als zu den Süd-Slaven. Südlich der Donau ward er denselben ein Erretter von avarischer Bar-
barei und die dortigen Slaven konnten gern fränkische Oberhoheit
anerkennen, die ihnen Schutz vor avarischer Gewaltherrschaft ge-
währte, — aber im Norden traf ihn der Hass einer in Freiheit und
Religion bedrohten Bevölkerung.

Die ersten Nachrichten von Händeln mit den Slaven rühren
aus dem Jahre 782. Die Sorben waren in Thüringen eingefallen,
weshalb Karl ein Heer unter dem Kämmerer Adalgisel, dem Mar-
schall Gailo und Pfalzgrafen Worad gegen dieselben schickte, das

aber umkehrte, ehe es zu einer Action kam, um die Waffen gegen unterdess rebellisch gewordene Sachsen zu führen (cf. Einhardi ann., ann. Laurissens., ann. Fuldens., ann. Tiliani, Reginonis chron., M. I. 163, 162, 350, 221, 559.) Kam es sonach einerseits zu gar keinem Kampfe mit den Sorben, so kann andererseits auch nicht annähernd von einer Gesammtheit der Sorben die Rede sein, wie die ann. Laurissens. wohl auch mit den Worten „Sclavos paucos" genugsam andeuten. Es liegt offenbar nur ein Einfall der der Grenze zunächst sesshaften Slaven vor, der zurückgewiesen werden sollte. Der beabsichtigte Kampf trägt sonach einen rein defensiven Character. —

Erst im Jahre 789 erscheint Karl das erste mal wirklich in einem Kampfe gegen die Slaven und die Quellen berichten auffallend zahlreich davon. Karl fällt in das Gebiet der transalbingischen Wilzen ein. Im weiten Sinne wird der wilzische Name, durchaus ein Gesammtnahme (unter dem Redarier, Linonen, Abodriten, Rugianen, ja wiederholt selbst die Liutizen begriffen sind), für alle nördlichen Slaven zwischen der Elbe und Oder gebraucht. Von verschiedenen Annalen wird, ohne jede Angabe eines Resultats, nur allgemein von einem Kriege gegen die Wilzen berichtet, von anderen kurz, dass Karl dieselben besiegt und unterworfen habe (cf. ann. Laurissens., Fuld., Tiliani, Regin. chron. ad 789 M. I.), — folglich (nach der sinnlosen Folgerung verschiedener Historiker) die Slaven bis zur Oder und darüber hinaus! — Stämme, die zum grossen Theil noch über vier Jahrhunderte hartnäckig für Freiheit und Vaterland fochten! — Der Continuator S. Amandi annalium schreibt nur: „Carlus pugnavit contra Wulzes in Wenodonia"; die ann. Saugallens.: „Karolus pergit in Sclauvos, qui dicunter Wilzi", und fast wörtlich dasselbe die ann. Colonienses; M. I. 12. 65. 97. — Einhard sagt allerdings in seinen Annalen 789. M. I. 175: „Sclavorum primores ac reguli omnes" — er, der als schmeichelnder Biograph in der vita Karoli die fränkische Herrschaft bis zur Weichsel ausdehnt, — eine handgreifliche Uebertreibung, und doch von vielen als wirkliche Thatsache nachgeschrieben!

Zunächst ist nur, wie aus allen Berichten hervorgeht, von den an der Elbe und unteren Havel gelegenen Gegenden die Rede. Dem entsprechend wird denn auch vorwiegend nur von einem Kampfe mit dem Wilzenfürsten Dragowit berichtet, der dann Frieden geschlossen und Geisseln gestellt habe: „— — et adquisivit ibi Draoscionem regem et alios quam plurimos, et acceptis obsides plures, atque omni terra illa obsessa sive subjugata, victor rediit in Franciam" ann. Petaviani M. I. 17; cf. ann. Laureshamens. M. I. 34 und das fragmentum annalium Chesnii daselbst; ann. Alamann., ann. Nazar. cont. M. I. 44. Dragowit war Slavenfürst an der unteren Havel, — einer der zahlreichen völlig selbstständigen slavisch-wilzischen Häuptlinge oder Fürsten. Die ann. Quedlinburgenses M. III. 39 fügen über diese Wilzen hinzu: „qui Lutici vocantur". In dieser Gegend tritt aber später, als sich mehr Licht über jene Territorien verbreitet und der wilzische Gesammtname den Einzelnamen weicht, der Sondername der Lizizi hervor; — diese betraf es.

Die Fuldaer Annalen M. I. 350 bemerken zu diesem Jahre: „Karolus — — habens in exercitu suo Francos, Saxones, Sorabos et Abodritos"; cf. ann. Laurissens. cont. M. I. 174. Hinsichtlich dieser Abodriten fügt aber Reginonis chron. M. I. 561 (nach ann. Lauriss. cont. M. I. 174), sehr beschränkend hinzu: „Abodriti, quorum princeps vocabatur Wizan", was doch nichts anderes heisst als: die Abodriten, deren Fürst Wizan war, — wonach von einer Gesammtheit der Abodriten keine Rede sein kann. Wizan aber war eben Fürst jener den Franken verbündeten cisalbingischen Abodriten. Der ganze Kampf scheint überhaupt dadurch veranlasst worden zu sein, dass der transalbingische wilzische Dragowit in dieser cisalbingischen, den Franken verbündeten Abodriten Gebiet eingefallen war. Alle Behauptungen von einer Abhängigkeit der gesammten Abodriten, kühn auf obige Nachricht vom vorhandensein der Abodriten im Heere Karls gegründet, fallen als völlig haltlose Hypothesen, die nicht einmal die geringste Wahrscheinlichkeit für sich haben.

Ebenso hat man derartige Behauptungen hinsichtlich der Sorben aufgestellt. Wir finden das erste mal Sorben Karl verbündet. Wenige Jahre vorher (782) erscheinen Sorben als Feinde des Reichs. Der gegen sie beabsichtigte Zug unterblieb. Keine Spur von einem Kampfe gegen sie, — nicht die leiseste Andeutung über Zeit und Art dieser Verbindung, — noch weniger von Anerkennung fränkischer Oberhoheit. — Von der Gesammtheit der Sorben kann zunächst in keiner Weise die Rede sein. Ob ein Theil der Sorben (etwa die nächstbenachbarten) zu Karl in ein ähnliches Verhältniss getreten war, wie die cisalbingischen Abodriten, muss dahingestellt bleiben. Meines erachtens finden wir diese Sorben im Heere Karls ebenso als freie Verbündete, wie vormals (778) Slaven im Heere Pipins; jene führte gleiche Feindschaft gegen die Sachsen, diese gegen die Wilzen (Lutici, Luzizi) zusammen, — und nichts erklärlicher als Feindschaft der benachbarten Wilzen und Sorben (denn der sorbische Name umfasst damals noch durchaus die später hervortretenden Siusler mit).

Transalbingische Slaven waren in das Gebiet jener ergebenen

cisalbingischen Abodriten eingefallen. Karl eilt herbei, um mit Hilfe jener ergebénen Abodriten und sorbischer Kriegshaufen die Wilzen zu vertreiben. Um von ferneren Einfällen abzuschrecken, dringt er über die Elbe verheerend in das nächstgelegene Gebiet und lässt sich zur Sicherung der Ruhe Geisseln geben. Von Tribut, — von Abhängigkeit, — von Ausdehnung fränkischer Herrschaft östlich der Elbe — keine Spur. Dies der Feldzug von 789.

Zum Jahre 792 melden die ann. Guelferbytani M. I. 45 kurz: „et rebellabant se Saxones et Sclavi et Fresi" und zum Jahre 794: „et multi hostes in Sclavi occisi". Die einzigen derartigen Nachrichten, welche ich vorgefunden. Dass die Sache nördliche Slaven betrifft, geht wohl aus der Zusammenstellung mit Sachsen und Friesen hervor. Die Vorgänge können nur unbedeutender Art gewesen sein. Zweifellos transsalbingische Abodriten mit transalbingischen Sachsen in Verbindung und Kampf gegen fränkische Gewalt.

Zahlreich melden die Quellen zum Jahre 795 die Ermordung des Abodritenfürsten Wizan durch die Sachsen. „— — Wizan, dux Abodritorum, ad regem pergere volens, a Saxonibus occisus est" ann. Fuld. M. I. 351.; cf. Einhardi ann., ann. Petaviani (Witsidus), ann. Laureshamenses (Wizzin), chron. Moissiacense (Widin), Regin. chron. M. I. 181. 18. 36. 302. 561. Ein Aufstand der transalbingischen und östlichen Sachsen (im Bardengau und Wihmuodi) hatte Karl nach dem Norden gerufen. Wizan, Fürst jener cisalbingischen verbündeten Abodriten, 782 im Heere Karls gegen die Wilzen, sollte zu ihm stossen:

„— — — — (Karolus) jusserat ad se
Pergere Sclavorum proceres sibi foedere junctos"
(Poeta Saxo M. I. 251). Auf dem Wege zu Karl wurde er von den aufständischen Sachsen überfallen und getödtet. Besonders seit diesem Aufstande begannen die massenhaften und rohen Deportationen jener Sachsen, deren Ländereien nun vorwiegend Abodriten übergeben wurden. 30) Seitdem begann ein dauernder Hader zwischen den

---

30) cf. über die Deportationen von 795, 798, 799, 804 ann. Laureshamens. M. I. 26 - 38; (chron. Moissiacense I. 302, 303, 304, 307); ann. Iuvavenses maiores I. 87. Die ann. Laurissenses minores I. 119 bemerken ad 797: Saxones inde educens cum uxoribus et liberis, id est tertium hominem. Dies gewährt einen Blick in die Art der Deportation. Das chron. Moissiac. meldet ad 804: „et venit ad eum (Karolum) ibi (an der Aller) rex Abodritorum nomine Fheisosuc, et detulit ei munera multa (cf. ann. Fuld. et Regin. chron. I. 353, 563), — und dafür wurde den Slaven uralter deutscher Boden überlassen (cf. M. L. 307 N. 48) und der Same dauernder Feindschaft

heimischen beraubten Sachsen und den slavischen Eindringlingen, —
ein Kampf, der nach dem Tode Karls von neuem entbrannte. All'
diese in jenen sächsischen Districten angesiedelten Abodriten mussten
selbstverständlich fränkische Oberhoheit anerkennen, das Christenthum annehmen und einen bestimmten Zins für das überlassene
Land zahlen. Dies die transalbingischen Abodriten unter fränkischer
Herrschaft. Von einem Tribut der Gesammtheit der Abodriten, als
von fränkischer Herrschaft abhängiger Volkschaften, kann keine Rede
sein. Seitdem finden sich im Kampfe zwischen Franken und Sachsen
gleichzeitig Abodriten auf beiden Seiten. Völlig natürlich: auf Seite
der Franken jene verbündeten und abhängigen, auf Seite der Sachsen
die völlig freien transalbingischen (mit Ausnahme der in nordalbin-
gisch-sächsischen Gauen angesiedelten, also nicht freien Abodriten). 31)
  Zum Jahre 799 berichten die Lorscher Annalen und nach ihnen
Regino, dass Karl (von Paderborn aus) seinen Sohn Karl „ad colloquium Sclavorum" geschickt habe, begleitet von einer bewaffneten
Macht. Einhardi ann. fügen bestimmter hinzu: „propter quaedam
negotia cum Wilzis et Abodritis disponenda" (cf. ann. Tiliani M. I.
222). Nähere Angaben fehlen. Differenzen zwischen den ergebenen
und freien Slaven mochten häufig vorliegen. Zu einem Kampfe
zwischen Franken und Wilzen kam es nicht. Die streitigen Punkte
sollten in diesem Colloquium von 799 endlich beseitigt werden. Die
Art der Unterhandlungen zeugt dafür, dass man es mit einem freien
Gegner zu thun hatte, nicht mit einer unterjochten und abhängigen
Volkschaft. Ueberall erscheint dabei Bardewik (Pardumvick), gelegen auf der Grenze des Reichs, als Ort der Verhandlungen.
  Zahlreich gedenken die Annalen der Slavenkriege im Jahre 805.
Dass die Reibungen mit den Slaven an der Grenze bis dahin ge-
ruht, ist nicht wahrscheinlich, doch sind die Händel unbedingt nur
unbedeutender Art gewesen. Im Jahre 805 erfolgte die bedeutendste

---

zwischen den beraubten unglücklichen Sachsen und den beschenkten und
käuflichen Abodriten gestreut! — Einhard ad 804 I. 191 sagt offenbar
übertrieben: „omnes qui trans Albiam et in Wihmuodi habitabant Saxones
— — —, et pagos transalbianos Abodritis dedit".
  31) —„ (Karolus) — — Transalbianos per Eburisum legatum suum
et Thrasuchonem ducem Abodritorum in proelio vicit" ann. Fuld. ad 798 I.
351.; cf. über diese Abodriten Einhard. ann., ann. Laurissa., ann. Tilian., M.
I. 185. 184. 222. Als Verbündete der Franken sehen wir sie 799 in Händel mit den feindlichen Wilzen verwickelt. Die Feindschaft der Wilzen gegen
die Abodriten in den cis- und transalbingischen Gauen erhellt besonders aus
den folgenden Kämpfen zwischen den Deutschen und Dänen (cf. a. e. auch
Schlöpken Chron. v. Bardewik Th. I. cap. XI. §§ 11—21, u. besonders ann.
Einh. et Fuld. ad 810).

Unternehmung gegen die Slaven. Vier Heere stehen gleichzeitig unter den Waffen. Das erste mal ein Reichsaufgebot gegen die Slaven und unter Karl das einzige mal! Der Hauptangriff galt den Böhmen. „Qui (Karls Sohn) omnem illorum patriam depopulatus, ducem eorum nomine Bechonem occidit" Einh. ann. M. I. 192. „Karolus junior in Boemannos Sclavos cum exercitu a patre missus, depopulata provincia, regem eorum nomine Lechonem occidit" ann. Fuld. I. 353. „Carlus imp. transmisit filium suum cum exercitu in Wenedonia" ann. S. Amandi I. 14; „— in terram Sclavorum, qui vocabantur Cinu" (i. e. Tschichu) ann. Tiliani I. 223. 32)

Nicht nur gegen die Böhmen, auch gegen die nordöstlichen Slaven wird gleichzeitig gefochten. Längs der Grenze zeigen sich die Slaven in feindlicher Haltung. Offenbar muss eine besondere Veranlassung vorgelegen haben. Diese war unzweifelhaft die Grenzordnung Karls von diesem Jahre, durch welche sich die Slaven beschränkt und gefährdet sehen mussten. Zwar erscheint dieselbe erst nach dem Feldzuge, aber offenbar war sie seit längerer Zeit vorbereitet. 803 war endlich die letzte der deutschen Volkschaften zur Ruhe gebracht worden. Es galt nun das Reich durch schützende Grenzfesten und eine stehende Grenzwacht vor äusseren Feinden (den Slaven) zu sichern. Das Jahr 805 zeigt Karls Grenzordnung in ihrer Vollendung. Gleich nach dem sächsischen Frieden mag man energische Massregeln zur Sicherung der Grenze getroffen haben. Durch diese waren die Slaven wohl zu Einfällen gereizt worden, die jetzt (805) energisch zurückgewiesen werden sollten.

Ueber den Zug der drei Heere wage ich keinerlei nähere Bestimmungen zu geben; cf. über den Zug Palacky I. 97 pp, Kreysig Beiträge VI. 65 pp; über die genannten Orte die Anmerkungen v. Pertz M. I. 308 pp. Um so schwieriger werden nähere Bestimmungen über die Kämpfe gegen die Böhmen, als sich der böhmische Name wiederholt über die Grenzen des Landes nach Süd und West und

---

32) Das chron. Moissiacense I. 308 berichtet also: „Karolus imperator misit filium suum Karolum regem cum exercitu magno ad Cichu — Windones; et alium exercitum cum Audulfu et Werinario, id est cum Baioariis; tertium vero transmisit cum Saxonibus super Hwerenofelda et Demelchion. Et ibi pugnaverunt contra regem eorum nomine Semela, et vicerunt eum, et ille dedit duos filios ejus pro fidelitate; et tunc perrexerunt super Fergunna. Et venerunt ad fluvium qui vocatur Agara illi tres hostes insimul, et inde venerunt ad Camburg, qui et (illum obsiderunt, et) vastaverunt regionem illam in circuitu, (in ista parte) Albiae (et ultra Albiam). Et postea cum victoria reversus est Karolus rex ad patrem suum in Francia. Quartus vero exercitus cum classe magna navium perrexit in Albia, et pervenit ad Magedaburg, et ibi vastaverunt regionem Genewara, postea reversi sunt in patriam suam".

Nord erstreckt. Das ganze östliche Baiern, von Slaven erfüllt, — jene Territorien, über welche sich nachmals die böhmische und der südliche Theil der sorbischen Mark erstreckte, werden mit unter Böhmen begriffen. Nur an diese Main- und Rednitzslaven kann z. B. bei den Nachrichten über die fortgesetzten Anfälle auf das Kloster Milz (Dronke cod. dipl. Fuld. N. 158) gedacht werden, und doch heisst es: „e regione Boemie". Als Karl 791 gegen die Avaren zog, kamen herbei die Grafen Theoderich und Meginfried mit Sachsen und Friesen „per Beeheimos" (ann. Laurissens. M. L 176). An das eigentliche Böhmen kann gar nicht gedacht werden. Nach der Darstellung fand die Vereinigung mit Karl (in natürlicher Weise) zu Regensburg statt, denn erst dann kommt man zur Enns (Anesus-Anesa). Beim Zug der nördlichen Heere durch dieses Böhmen werden die Flüsse Camp und Rab (Camp-Arrabonis) genannt, wohl Hinweis genug, wo dieses Böhmen zu suchen. Slavonia u. Boemia sind identisch. — Wenn es ferner a. e. über die Rückkehr Ludwigs aus dem SO (ad 846 ann. Quedlinburgens M. III. 111) heisst: „et Behemos domum rediens vastavit", — so kann sich dies allen Umständen nach nur auf die unmittelbar nördlich der Donau gelegenen Striche beziehen, die damals noch nicht zur Ostmark, sondern eben zu Böhmen gehörten.

Soviel geht aus allem hervor, dass Karls Sohn nur in den nordwestlichsten Theil von Böhmen eindrang, in das obere Egerland, — die dortige Gegend verwüstete, — einen der damals noch zahlreichen böhmischen Fürsten besiegte (u. vielleicht tödtete), — und in diesem Sinne als Sieger zurückkehrte. Zwar sagen die ann. Einhardi M. I. 192 „omnem illorum patriam", — ganz nach Art der Einhardschen Uebertreibungen; cf. ann. Tiliani L 193. Die ann. Fuld. et Guelferbyt. I. 353, 46 schreiben nur „depopulata provincia" und „ipsam regionem vadit" in beschränkender Weise. Die übrigen Annalen schreiben ganz allgemein und kurz nur von Böhmen. — Denkt nun jemand a. e. an ganz Sachsen, wenn die Quellen melden: „Sclavi vastaverunt Saxoniam"!? — König Lech soll getödtet worden sein. Aber der Name Lech ist durchaus verdächtig. Er gehört in die polnisch-böhmische Mythe. Die Existenz eines gleichnamigen Königs ist nicht zu erweisen.

Böhmen zerfiel in viele selbstständige Fürstenthümer. Jedes derselben erscheint nach dem Ausdruck der Quellen als Böhmen, — jeder seiner Fürsten als rex oder dux Boemiae. Einer der vielen ward unterworfen, folglich alle Böhmen; einer der vielen muss sich zur Anerkennung fränkischer Oberhoheit bequemen, folglich ganz Böhmen. O Folgerungen, der geringsten Wahrscheinlichkeit Hohn

sprechend! Noch 845 kommen 14 dieser böhmischen Fürsten nach
Regensburg sich taufen zu lassen; noch 895 schreiben die Fuldaer
Annalen: „omnes duces Boemaniorum". Die geläuterte alte böhmische
Geschichte selbst liefert Beweise für die Getheiltheit des Staates ge-
nugsam. Als (zweifelhafter) Einheitsstaat erscheint Böhmen erst zu
Anfang der sächsischen Zeit unter Spitihnevs Herrschaft, nach dem
Sturze des grossmährischen Reichs durch die Ungarn.

Es ist Thatsache, dass von Seiten der nachmaligen deutschen
Kaiser böhmische Lehnpflicht beansprucht, und von böhmischen Kö-
nigen, periodisch wenigstens, auch geleistet wurde. Aber es verhielt
sich mit dieser Oberhoheit Böhmen gegenüber genau wie mit der
deutschen Oberhoheit Polen gegenüber. 33) Hier wie da hat sie sich nie
auf das Gesammtreich, sondern nur auf einen Theil desselben erstreckt
(der, einmal von Deutschen erobert, für die Dauer nicht behauptet
werden konnte, darum ausweichend den mächtigen Polen- und Böhmen-
fürsten als Lehen überlassen wurde). Böhmen gegenüber hat sich
diese Oberhoheit nur auf das obere Egerland, etwa den heutigen
Egerer Kreis erstreckt. Deshalb hat dieses auch bis in späte Zeit
in einem anderen Verhältniss zum Reiche gestanden als das übrige
Böhmen. Schultes rechnet es aus diesem Grunde zum Nordgau.
Selbst als das Bisthum Prag gestiftet wurde, verblieb es unter der
Diöces Regensburg, bis es endlich durch den grossen Ottokar 1265
auch in kirchlicher Hinsicht an Böhmen gebracht wurde (cf. Urbanstädt die Egerländer in den Heften des Vereins für Geschichte der
Deutschen in Böhmen J. V. H. II.). Der Kreis zeichnet sich noch
gegenwärtig durch seine fast ausschliesslich deutsche Bevölkerung (99%)
aus (cf. Ficker Bevölkerung der österr. Monarchie. Gotha. 1860),
— ein Umstand, der wohl auf eine alte Verbindung mit dem Reiche

---

33) Gero soll den Mjesko v. Polen unterworfen haben (Thietm. chr. II.
9. M. III. 748). Gewiss, dass Polens Lehensverhältniss zum deutschen Reiche
aus der Zeit Ottos I. datirt wurde. Dass ein solches Verhältniss wirklich bestand, geht aus zahlreichen Nachrichten hervor (cf. a. e. Thietm. chr. VII. 7.
8. III. 839—840), — dass es sich aber nicht auf das eigentliche Polen, —
auf Polen selbst erstreckte, erhellt klar aus Thietm. chr. VII. 11. III. 841,
wo Mjesko (der Sohn des Boleslav, der so schwere Kämpfe mit Heinrich II.
geführt) an den Kaiser schickte, dass er ihm wegen der Untreue des Vaters
nicht das entziehen möge, was derselbe zu Lehen gehabt: „et ne propter
eum ab imperatore sua perderent bona". Wo aber dieses Lehen seit Ottos I.
Zeit zu suchen, besagt Thietm. chron. II. 19. III 753: „Intra Hodo, venerabilis
marchio, Miseconem, imperatori fidelem tributumque usque in Vurta
fluvium solventem, exercitu petivit collecto" etc —, und nur auf dieses
westlich der (mittleren) Oder gelegene Gebiet bezieht sich die Erneuerung
der Lehnpflicht Thietm. chr. IV. 7. III. 770.

4*

schliessen lässt. Die Lehnpflichten der böhmischen Fürsten sind so gering, dass sie, wollte man die Vasallität auf ganz Böhmen ausdehnen, als ein Unding erscheinen müssten. Später bezog sich Böhmens Lehnpflicht sogar nur auf ausserböhmische (lausitzische etc.) Besitzungen. — An eine Unterwerfung ganz Böhmens, d. h. aller damals bestehenden böhmischen Fürstenthümer, — an eine Anerkennung fränkischer Oberhoheit von Seiten aller böhmischen Fürsten, — ist nie und nimmer zu denken.

Gleichzeitig wird 805 an der Elbe gestritten. Das sächsische Heer kam auf seinem Zuge nach Böhmen durch Demelchion. Der dortige Fürst Semela wird besiegt. Jedenfalls wollte er den Durchzug nicht gestatten. An das eigentliche (spätere) Daleminzien zu denken, ist man in keiner Weise berechtigt. Der daleminzische Name fällt um diese Zeit mit dem sorbischen zusammen und tritt erst später in beschränkter und bestimmter Ausdehnung hervor. Dem entsprechend werden bei Erneuerung des Krieges von 806 auch nicht die Daleminzier, sondern die Sorben genannt. Das sächsische Heer ist 805 in einzig natürlicher Weise die Saallande entlang (durch Siurbia, — Demelchion) gezogen und mit dem bairisch-fränkischen Heere im nordwestlichen Böhmen gemeinschaftlich eingefallen. Man ist wieder gemeinschaftlich aus Böhmen zurückgezogen, das sächsische Heer hat wieder denselben Weg durch die Saalgegend zurückgenommen und auf diesem Rückzuge die Elbgegend um Magdeburg (wohin Hwerinofelda u. die Vorgänge von 806 durchaus weisen) verwüstet, — wahrscheinlich gemeinschaftlich mit dem (4.) noch anwesenden sächsischen Heere. Der Kampf im Nordosten stellt sich durchaus nur als ein Grenzkrieg dar, nach gewöhnlicher Art in Verwüstung der Grenzlandschaften bestehend und durch slavische Einfälle veranlasst. Von Territorialgewinn, von Tribut und Abhängigkeit keine Spur. Gleich dem böhmischen Krieg ohne den erwünschten Erfolg und darum wie jener im folgenden Jahre (806) erneuert.

Die Grenzordnung Karls hatte die Slaven längs der Grenze unter die Waffen gerufen. Karl zeigt, dass er dieselbe aufrecht erhalten will. Mit Waffengewalt weist er die slavischen Angriffe in beiden Jahren zurück. Der Kampf selbst ist rein defensiver Natur. Der Krieg von 806 nichts als die Fortsetzung des nicht genügenden Vertheidigungskampfes von 805, — dieselben Volkschaften, — dieselben Gegenden, — dieselben Ortschaften! Die ann. Fuld. M. I. 353 melden von dem erneuten Einfall in Böhmen. Es heisst nur, dass eine weite Gegend verwüstet worden sei: „vastataque provinciae non minima portione". Von Tributpflicht, von Abhängigkeit, — hier wie dort keine Spur.

Die neuen Grenzburgen stehen auf alter Reichsgrenze. Nicht Territorialgewinn, nur Frieden an der Grenze, — das war das Ziel, welches Karl anstrebte. Zur Sicherung desselben werden Geisseln gestellt. Im übrigen bleiben die slavischen Fürsten unbeschränkt. Nicht die leiseste Andeutung von Einmischung in ihre inneren Angelegenheiten. Oestlich der Elbe, — östlich der Saale — blieben die Slaven frei wie zuvor!

Seitdem schweigen die Quellen einige Jahre sowohl über Händel mit den Böhmen als mit den Sorben, während die nördlichen transalbingischen Slaven, die Wilzen (unter welchem Gesammtnamen die freien Abodriten mit begriffen sind) fortlaufend in Verbindung mit den Dänen im Kampfe gegen die Franken erscheinen. Einhards Annalen berichten von diesen Kriegen zu allen Jahren von 808—814. M. I. 195—201; ann. Fuld. I. 354—355, (chron. Moissiac. I. 308—309, Regin. chron. I. 565—566). Hinsichtlich der mit den Dänen verbündeten Wilzen sagt Einhard gleich zu Anfang sehr bezeichnend: Wiltzi, qui propter antiquas inimicitias quas cum Abodritis habere solebant. Dies waren jene mit den Franken verbündeten Abodriten, deren Fürst Thrasko, der Nachfolger des ermordeten Witzan, daher auf Seite der Franken kämpfte. Der Verlauf des Kampfes ergiebt, dass mindestens kein bedeutender Vortheil errungen ward. Selbst die wichtigsten deutschen Grenzorte wurden zerstört (a. e. Hohbuoki i. e. Hamburg) und klagend schreiben die ann. Laurissens. min. M. I. 121: „plurimi Francorum occisi sunt". 811 wird ein vorübergehender Friede mit den Dänen geschlossen, während der Kampf gegen die Slaven fortdauert. Im Jahre 813 kommt ein dauernder Friede mit den Dänen zu Stande und wie es scheint auch mit den Slaven. Den Dänen gegenüber wurde die gesetzte Grenze behauptet. Was den Slaven gegenüber erreicht worden ist, lässt sich nicht erkennen. Einhard führt nur zum Jahre 812 gleichsam als Resultat des Krieges an: „Expeditio facta ad Wiltzos, et ab eis obsides accepti" (cf. Regin. chron. I. 566). Im Winter 815 geht ein sächsisch- (cisalbingisch) abodritisches Heer gegen die Dänen über die Elbe. In demselben Jahre kommt Ludwig I. zu einem Generalconvent nach Paderborn. Einhardi ann. I. 202 melden: „Ibi ad eum omnes orientalium Sclavorum primores et legati venerunt". Ueber die Verhandlungen selbst ist nichts bekannt. Es heisst nur, nachdem die slavischen Angelegenheiten geordnet gewesen („ordinatis tunc Sclavorum — rebus"), sei der Kaiser abgereist. Offenbar wurden Bestimmungen, Verträge von beiden Seiten festgestellt. Die slavischen Fürsten, zweifellos transalbingische, erscheinen völlig frei. Von Abhängigkeit, — von Tributpflicht keine Spur!

Note über den Nordgau.

Seitdem die Geschichte den nördlich der Donau gelegenen Nordgau erwähnt, erscheint er als bairisches Land. In ihm wurde das Bisthum Eichstädt auf Wunsch des Herzogs Utilo v. Baiern gestiftet. Bonifaz hat es nur auf dessen Veranlassung eingerichtet, nicht als ein ostfränkisches Bisthum gegründet (und es wäre Zeit, dass die letztere irrige Ansicht endlich beseitigt würde). Aus dem Capitulare von 806 leg. I. 141 § 2 erhellt die Zugehörigkeit des Nordgaus zu Baiern ganz klar. Es heisst da: „et partem Baioariae, quae dicitur Nortgowe", und weiter, dass Pipin haben solle „Baioariam, sicut Tassilo tenuit, excepto duabus villis quarum nomina sunt Ingoldesstat et Lutrahahof (i. e. Ingolstadt und Lauterhofen), quas nos quondam Tassiloni beneficiavimus et pertinent ad pagum qui dicitur Northgowe". Wie er zu Baiern unter Tassilo gehörte, so sollte er auch mit Baiern dem Pipin zufallen, exclusive der genannten königlichen Villen.

Nach der Theilungsacte v. 817 leg. I. 198 scheint dieser pagus nur ein von Baiern getrenntes Gebiet zu bilden: „Item Hludovicus volumus ut habeat Baioariam — — —, et insuper duas villas dominicales ad suum servitium in pago Nortgave Luttraof et Ingoldesstat". Vergleicht man jedoch beide Acten, so ergiebt sich nur, dass diese zwei Pfalzen, die nach der Bestimmung v. 806 dem Besitzer Baierns nicht mit zufallen sollten, demselben nach der Bestimmung v. 817 wieder zugewiesen werden; — dass 817 die (unpractische) Ausnahme v. 806 aufgehoben wurde. Eine Trennung des Nordgaus aber überhaupt von Baiern kann ich sonach nicht darin erkennen und eine solche, selbst nur für kurze Zeit, nicht annehmen. Rudhardt älteste Gesch. v. Baiern p. 288 nimmt eine solche Trennung schon seit Pipin oder Karl Martell an, aber selbst ohne die geringste Wahrscheinlichkeit. Hirsch Heinrich II. I. 10 u. Dümmler Gesch. d. ostfränk. R. I. 29 nehmen die ursprüngliche Zugehörigkeit des Nordgaus zu Baiern an, vermuthen aber, dass er bei letzterer Gelegenheit (817) von Baiern getrennt worden sei. Kann aus den angeführten Gründen nicht beigestimmt werden, so ist auch noch zu bemerken, dass der Nordgau in der Folge ununterbrochen als zu Baiern gehörig erscheint und dass sich nirgend Spuren einer anderen Verwaltung oder einer Wiedervereinigung finden, einfach deshalb nicht, weil eine Lösung des Nordgaus von Baiern nie bestanden hat. Die Bevölkerung des Nordgaus war bairisch; — keine der Theilungen hat eine Volkschaft zerrissen.

Ob sich dieser Gau ursprünglich noch über die Altmühl erstreckte, muss dahingestellt bleiben, ist aber wahrscheinlich, da sich zwischen der unteren Altmühl und dem unteren Regen kein anderer Gau findet, der Donaugau aber auch später nur bis an den Regen reichte. Kremer Rhein. Franz. p. 195 lässt ihn zwar ursprünglich nur bis zur Altmühl reichen, rechnet aber das zwischen Altmühl und Regen gelegene Terrain von Anfang an zur bairischen Diöces Eichstädt. Zwischen dem Regen und Böhmer Walde breitete sich der Donaugau aus, der stets unmittelbar zu Baiern gerechnet ward und allzeit zur bairischen Diöces Passau, nie aber zu Eichstädt gehörte; ein Umstand, der von vornherein alle Beachtung verdient. Cf. noch eine Urk. Friedrichs I. v. 14. Febr. 1160 für das Hochstift Bamberg Mon. Boica XI. 171. Ebenso wird dies Gebiet noch in einem Lehnbriefe Friedrich III. v. 1444 für die Brüder Johann und Albrecht v. Brandenburg vom Gebiete des Nordgaus ausgeschlossen cf. Kremer p. 407 N. VII; selbst Falckenstein antiquitates Nordgavienses I. 264, der doch alles mögliche zum Nordgau zieht, bekennt, dass der Donaugau streng genommen nicht zu demselben gehört habe. Der Donaugau bildete wohl das Gebiet, welches nachmals die Burggrafschaft Regensburg umfasste, die ein eigener Verwaltungsbezirk in der nachmaligen böhmischen Mark oder Markgrafschaft Nordgau war. In dieser ursprünglichen Ausdehnung bis zur Altmühl, oder richtiger bis zu dem unteren Regen, war der Nordgau ein eigentlicher pagus, — ein Reichsgau, — in welcher Hinsicht schon Wenck II. 183 N. r. richtig bemerkt, dass der Nordgau als pagus betrachtet, „von der weitläuftigen Markgrafschaft des Nordgaus zu unterscheiden sei". In dieser Ausdehnung fällt die Ostgrenze dieses Gaues mit der 805 gesetzten Reichsgrenze zusammen. Indem er auf diese Weise den Stützpunkt der böhmischen Mark bildete, kann er seitdem inder p. 38 sub 2 angeführten Bedeutung der Markgrafschaft als „Markgrafschaft Nordgau" angeführt werden, aber auch n u r in dieser Bedeutung.

In demselben Maasse, in welchem die Eroberung nach dem böhmischen Waldgebirge hin vorschritt, erweiterte sich der Begriff des Nordgaus, indem der Name des Reichsgaues und Mutterlandes auf das von da aus gewonnene Markgebiet mit überging. So fällt die Markgrafschaft Nordgau mit der böhmischen Mark im Sinne der Markgraft p. 39 sub 3 zusammen. Wie die böhmische Mark allzeit als barische galt, also auch die Markgrafschaft Nordgau, da beide (böhmische Mark und Markgrafschaft Nordgau) identisch w e r d e n. Aus der Nichtbeachtung dieses Umstandes (oder aus Unkenntniss) entspringen nun die sich so mannig-

fach kreuzenden Irrungen über den Nordgau. Die erst weit spätere
Ausdehnung ist auf die früheste Zeit zurückgeführt worden. So a. e.
behauptet Falckenstein antiqu. Nordgav p. 15 § VII, dass der Nordgau schon zu Tassilos Zeit bis an den Main (!) gereicht habe, —
und II. 137 pp gar, dass der Nordgau die Fürstenthümer Baireuth
und Anspach, das Herzogthum Coburg und das Riess, die Bistbümer
Eichstädt und Bamberg umfasst, und in dieser Ausdehnung seit dem
Anfange des 6. Jahrhunderts zu Baiern gehört habe!! — Behauptungen,
aller geschichtlichen Thatsache Hohn sprechend, und doch — ihm
von so vielen mit unverzeihlicher verwirrender Oberflächlichkeit nachgeschrieben. (Nach Pfeffel'scher Ansicht reichte der Nordgau sogar
bis an den Spessart!)

Eine wesentlich erweiterte Bedeutung nahm der Name Nordgau
nach dem Sturze der Babenberger an, deren vormalige (thüringisch-
sorbische) Mark an die böhmische Mark oder Markgrafschaft Nordgau in der Gegend von Forchheim u. Chamb grenzte. Vor deren
Sturze reichte der Nordgau nördlich nur bis an die letztgenannten
Orte, so dass Chamb der nördlichste Stützpunkt desselben war, Forchheim aber, bereits im Radenzgau gelegen, zur thüringisch-sorbischen
Mark der Babenberger gehörte.

Auf der Versammlung zu Forchheim im Jahre 903 war auch
Luitpold, der Markgraf der böhmischen Mark oder des Nordgaus zu-
gegen. Er fällte das Urtheil mit, welches den Babenbergern alle
Lehen schon damals absprach; — ein Urtheil, welches nach Adalberts Enthauptung 906 nur erneuert und vollzogen ward. Von 906
ab entziehen sich nun die Babenberger aller Wahrnehmung. Seit
892 verwaltete Burchard die thüringische Mark. Seit seinem Tode
(908) fasste, wie Heinrich nördlich vom Gebirge, so Arnulf, Luitpolds Sohn, südlich vom Gebirge in der thüringischen Mark festen
Fuss: alles was südlich vom Gebirge zur alten thüringisch-ostfränkischen Mark gehört hatte, wurde der böh-
misch-bairischen Mark des Arnulf einverleibt, — zu
Baierns Marken geschlagen. Seitdem ging der Name des
Nordgaus, der bis dahin wiederholt für die böhmische Mark gebraucht wird, auch auf dieses neu hinzugekommene Gebiet
über, also dass er sich nun von der Donau bis zum thüringischen Waldgebirge erstreckte. So erhielt der Name
Nordgau im Anfang des 10. Jahrhunderts seine späteste und weiteste Bedeutung.

In dieser spätesten Ausdehnung beschreibt Dümmler II. 11 pp
die Grenzen des Nordgaus ziemlich genau: „Der Nordgau erstreckte
sich nördlich bis zum Egererlande: dann macht der Nord- oder Böhmer-

Wald, dann der weisse und schwarze Regen bis zur Mündung, dann läuft er längst der Donau bis zum Gau Sualafeld, dann nach der Rednitz hin zur Vereinigung der fränkischen und schwäbischen Rezat bis zur Mündung der Schwabbach; dann westlich an den Rednitzgau". — Wenck II 600 sagt a. e., seit dem 10. Jahrhundert erscheine die ostfränkische Mark häufig unter dem Namen Nordgau. Er identificirt ostfränkische Mark und Nordgau völlig, weil er die ostfränkische Mark bis zur Donau ausdehnt. Das ist falsch. Seit jener Zeit umfasst der Nordgau nur den südlichen Theil der vormals thüringisch - ostfränkisch - sorbischen Mark mit, der Hauptsache nach aber ruhte der Name, wie schon früher, auf der bairisch-böhmischen Mark. Diese erweiterte bairisch-böhmische Mark lässt sich aber nie als ostfränkische bezeichnen. — Kremer Rhein. Franzien p. 184 giebt dem Nordgau gleich von Anfang an diese weiteste Ausdehnung: „Die Herzoge von Baiern haben dieses Nordgau durch besondere Markgrafen regiert, sowie es schon vor ihnen von den Grafen des alten Babenberg'schen Geschlechts ist regiert worden". Die Babenberger hatten vormals die thüringische Mark, zu welcher Zeit der Name Nordgau nur an der bairisch - böhmischen Mark haftete, mit welch' letzterer aber die Babenberger nichts zu thun hatten. Erst in der 2. Hälfte des 10. Jahrhunderts treten sie wieder aus ihrer Verborgenheit hervor und mit Berthold in die böhmische Mark oder den Nordgau ein. — Genssler II. 133 — 137 bezeichnet den Nordgau in der spätesten und weitesten Ausdehnung als Nordbaiern, was man insofern kann, als er von bairischen Markgrafen verwaltet und als bairische Mark betrachtet wurde.

Westlich der Rednitz umfasste er seitdem, also seit dem Anfang des 10. Jahrhunderts, auch noch den Rangau und das Folkfeld (nicht aber, wie Falckenstein antiqu. Nordgav. I. 139 pp und II. 208 behauptet, seit dem 6. Jahrhundert), — zwei märkische Gaue, die vormals den Babenbergern gehört, und in denen daher auch seit dem 10. Jahrhunderte bairische Herren als Grafen erscheinen. Dem entsprechend wurden denn auch noch von Friedrich I. die gaugräflichen Rechte im Rangau dem Bischof von Bamberg zu-, dem Bischof von Wirzburg aber abgesprochen, cf. Böhmer no 2435.

Als Arnulf, Herzog und Markgraf von Baiern, Luitpolds Sohn, von Otto I. entsetzt wurde, folgte im Nordgau oder der bairischböhmisch Markgrafschaft Berthold; cf. Genssler II. 230, 5, II. 159, 6, wonach Berthold im Nordgau und Folkfeld als Graf erscheint; desgl. Schöpff Nordgau-ostfränkische Staatsgesch. p. 104, 106, 116 pp 123 pp. Ebenso erscheint noch Adalbert v. Babenberg, der nachmalige Markgraf der Ostmark (Oesterreich, 1018—1055) reich an-

gesessen im Banzgau, der nördlich vom Main lag, cf. Hirsch I. 17.
Auch im Radenzgau erscheint Graf Adalbert, cf. die Urkunden Heinrichs II. v. 6. Mai 1007, 26. Oct. 1017, 2. Sept. 1023, 8. März 1024
Böhmer no 992, 1168, 1246, 1254. Ohne Zweifel waren Berthold
und Adalbert aus dem Geschlechte der Babenberger, cf. Hirsch I. 17 pp.
Mit Berthold tritt dies Geschlecht wieder in die Geschichte ein und
bis zum Sturze des Markgrafen Heinrich v. Schweinfurt (1003) blieb
es im Besitze dieser Mark, die allerdings mancherlei Territorialver-
änderungen erfahren und seitdem vorwiegend als Markgrafschaft
Schweinfurt angeführt wird.

Es fragt sich schliesslich noch, ob der Nordgau auch das Egerer-
land umfasste. Thatsächliche Beweise lassen sich weder für, noch
gegen diese Annahme beibringen. Schultes rechnet es dazu, Lang
nicht. Das dürfte wenigstens zu beachten sein, dass sich im Egerer-
land nirgend Spuren einer eigenen Verwaltung finden, also dass es
doch wohl unter den markgräflichen Gewalten vom Nordgau ge-
gestanden. Auch in kirchlicher Beziehung gehörte es bis 1265 nicht
zum Bisthum Prag, sondern zu Regensburg, „wohl ganz einfach deshalb, weil es damals nicht zu Böhmen gehörte" (Urbanstädt die Eger-
länderer, in den Heften des Vereins für Geschichte der Deutschen
in Böhmen. J. II. H. V).

Curriculum vitae.

Ich, Johannes Blochwitz, wurde am 1. Sept. 1842 zu Dittersbach bei Frauenstein geboren. Mein Vater war Lehrer daselbst. Am Pfingsttage 1853 standen sieben vaterlose Waisen an seinem Grabe. Noch in demselben Jahre wurde ich in das Pestalozzissift zu Dresden aufgenommen und daselbst bis zu meiner Confirmation (1857) erzogen. Indem sich meiner Fr. geh. Staatsräthin v. Both annahm, wurde mir die Ausbildung für den Lehrerberuf auf dem Freiherrlich v. Fletcherschen Seminar zu Dresden möglich (bis 1862), während welcher Zeit und darnach ich den Sprachunterricht (besonders lateinisch) privatim erhielt. Der plötzliche Tod meiner Gönnerin (1863) vereitelte den Abgang zur Universität. Erst nachdem ich verschiedene Stellungen als Lehrer zu Dresden eingenommen, wurde mir es möglich, in den Jahren 1869 u. 70 zu Leipzig Pädagogik (vorwiegend Geschichte) zu studiren, wonach ich im Nov. 1870 vor der königl. Prüfungs-Commission für Candidaten des höheren Schulamts die Prüfung bestand und als Oberlehrer an das Freimaurerinstitut für Töchter zu Dresden zurückberufen wurde.